これ一冊でわかる！

障害者総合支援法のすべて

第2版

桜花学園大学副学長 教授 柏倉秀克 監修

ナツメ社

はじめに

国連における障害者権利条約の採択（2006年）は、世界の障害者にとって大きな転機となる出来事でした。我が国ではこの条約を正式に批准（2014年）するため、障害のある当事者の声を聞きながら、国内の障害福祉法制度や関連する障害福祉サービスの整備を進めてきました。その集大成の１つが「障害者の日常生活及び社会生活を総合的に支援するための法律（以下、障害者総合支援法)」となっています。

本書は障害のあるみなさん、障害のある人と暮らす家族のみなさん、障害福祉サービスに関する最新の情報を学びたいと考えている専門職、社会福祉士や精神保健福祉士、介護福祉士を目指すみなさん、大学や専門学校で社会福祉を学ぶ学生、その他障害者福祉に関心のあるすべてのみなさんを対象に編集したものです。

障害者総合支援法は2024（令和６）年４月１日に改正を迎えます。本書では改正のポイントについて詳細に解説を加えています。なお**本書は原則として見開きで構成され、左ページで解説した内容を右ページで図表化することによって初学者のみなさんにもわかりやすい表記に努めました。もちろん専門職のみなさんにとっても日々の実践に役立つ記述を心がけています**。

本書を活用することによって、障害福祉サービスへの理解を深めていただくとともに、障害のある人々の支援に役立てていただけることを祈念します。

2023年10月　柏倉秀克

障害者総合支援法とは？

障害福祉施策の流れ

障害保健福祉施策は、平成15年度からノーマライゼーションの理念に基づいて導入された支援費制度により充実が図られました。しかし、

❶身体・知的・精神という障害種別ごとでわかりにくく使いにくい
❷サービスの提供において地方公共団体間の格差が大きい
❸費用負担の財源を確保することが困難などの理由により、平成18年度からは障害者自立支援法が施行されました。

その後、障がい者制度改革推進本部等における検討を踏まえて、障害者（児）を権利の主体と位置づけた基本理念を定め、制度の谷間を埋めるために障害児については児童福祉法を根拠法に整理しなおすとともに、難病を対象とするなどの改正を行い、2013（平成25）年4月に障害者総合支援法に法律の題名も変更されて施行されました。

障害者総合支援法について

障害者総合支援法は、「障がい者制度改革推進本部等における検討を踏まえて、地域社会における共生の実現に向けて、障害福祉サービスの充実等障害者の日常生活及び社会生活を総合的に支援するため、新たな障害保健福祉施策を講ずる」ことを趣旨として、障害者自立支援法を改正する形で創設されました。

よって、法律の題名は障害者総合支援法に変更されましたが、法律の基本的な構造は障害者自立支援法と同じです。

目的

法の目的を「障害者及び障害児が基本的人権を享有する個人としての尊厳にふさわしい日常生活又は社会生活を営む」とし、「地域生活支援事業」による支援を含めた総合的な支援を行うことも明記されました。

正式名称は「障害者の日常生活及び社会生活を総合的に支援するための法律」。障害者や障害児、難病患者が個人としての尊厳を持って日常生活、社会生活を営むことができるように、必要な支援を総合的に行うことを定めた法律です。

基本理念

「基本理念」に

❶すべての国民が、障害の有無にかかわらず、等しく基本的人権を享有するかけがえのない個人として尊重されること

❷すべての国民が、障害の有無によって分け隔てられることなく、相互に人格と個性を尊重し合いながら共生する社会を実現すること

❸すべての障害者及び障害児が可能な限りその身近な場所において必要な日常生活又は社会生活を営むための支援を受けられること

❹社会参加の機会が確保されること

❺どこで誰と生活するかについての選択の機会が確保され、地域社会において他の人々と共生することを妨げられないこと

❻障害者及び障害児にとって日常生活又は社会生活を営む上で障壁となるような社会における事物、制度、慣行、観念その他一切のものの除去に資すること

を掲げています。

対象範囲

法が対象とする障害者の範囲は、身体障害者、知的障害者、精神障害者（発達障害者を含む）に加え、制度の谷間となって支援の充実が求められていた難病等（治療方法が確立していない疾病その他の特殊の疾病であって政令で定めるものによる障害の程度が厚生労働大臣が定める程度である者）としています。

※ 2023（令和 5）年 4 月時点で、366 疾病が対象です。

利用できるサービス

80 項目に及ぶ調査を行い、その人に必要なサービスの度合い（「障害支援区分」）を測り、その度合いに応じたサービスが利用できるようになっています。

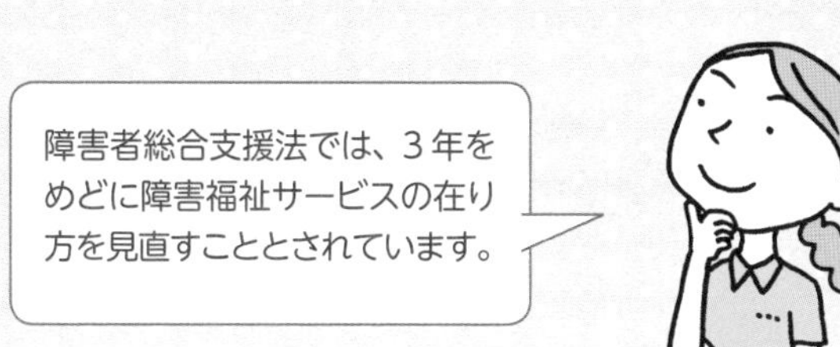
障害者総合支援法では、3 年をめどに障害福祉サービスの在り方を見直すこととされています。

CONTENTS

障害者総合支援法のすべて 第2版

Part 1

2024(令和6)年4月施行の主なポイント

Part 2

障害者総合支援法による障害福祉サービスとは

Part 3 障害福祉サービスを利用するには

Part 4

障害者が利用できるサービス（障害福祉サービス）

Part 5

成年後見制度利用支援事業

Part 6

障害児が対象のサービス

Part 7

障害者総合支援法の歴史

Part 8

障害者にまつわる様々な法律・支援策

参考文献

『図説　よくわかる障害者総合支援法［第２版］』坂本洋一／中央法規出版

『図解入門ビジネス　障害者総合支援法がよ～くわかる本［第４版］』福祉行政法令研究会／秀和システム

『これならわかる＜スッキリ図解＞障害者総合支援法 第２版』遠山真世、二本柳覚、鈴木裕介／翔泳社

『これならわかる＜スッキリ図解＞障害者総合支援法 第３版』二本柳覚、鈴木裕介／翔泳社

『改正障害者総合支援制度のポイント（平成 30 年４月完全施行）新旧対照表・改正後条文』中央法規出版編集部編

厚生労働省ホームページ　法務省ホームページ

Part 1

2024（令和6）年4月施行の主なポイント

2024（令和 6）年 4 月から、改正された障害者総合支援法が完全施行されます。これまでの制度と比べ、「何がどのように変わるのか？」、サービスや仕組みに関する重要なポイントについて解説します。これを読んでおけば、新しい障害者総合支援法がしっかりと理解できるはずです！

「暮らし」と「仕事」に対する支援の見直し（改正のポイント）

障害のある人たちが、住み慣れた地域で暮らし続けられるような多様なニーズに対応しようと、障害者総合支援法が改正されました。

●住み慣れた地域で暮らし続けるために

医療や介護の世界では、お年寄りも子どもたちも、健康な人も病気の人も、誰もが住み慣れた地域で、その人らしく自立しながら生活を続けていくことを支えていこうという、地域包括ケアという考え方が広がっています。

障害のある人への福祉でも、このような考え方によって、障害者の暮らしの場の地域への移行や、仕事をすることへの希望が高まり、それに応えるための福祉サービスの多様化や、これまで以上に細やかな支援が求められています。

こうした社会のニーズに対応するため、2013（平成25）年４月から施行された障害者総合支援法では、施行後３年をめどとして、障害者への福祉サービスの在り方を見直して、検討を加えることとされました（障害者総合支援法附則第３条）。

●2024（令和6）年から施行される改正のポイント

障害者が望む暮らしを実現するために、障害者の地域生活や就労支援の強化、難病患者の療養生活支援の強化など、さまざまな課題において議論が進み、法律案が国会で可決成立しました。今回の改正の概要は、大きく分けて以下の６つです。

❶障害者等の地域生活の支援体制の充実、❷障害者の多様な就労ニーズに対する支援及び障害者雇用の質の向上の推進、❸精神障害者の希望やニーズに応じた支援体制の整備、❹難病患者及び小児慢性特定疾病児童等に対する適切な医療の充実及び療養生活支援の強化、❺障害福祉サービス等、指定難病及び小児慢性特定疾病についてのデータベースに関する規定の整備、❻その他

2024(令和6)年4月施行のポイント

障害者がさまざまな支援を受けながら、その人らしく安心して暮らすことができる体制の構築を目指すことが、改正に反映されています。

Point 1

障害者等の地域生活の支援体制の充実【障害者総合支援法、精神保健福祉法】

①共同生活援助（グループホーム）の支援内容として、一人暮らし等を希望する者に対する支援や退居後の相談等が含まれることを、法律上明確化する
②障害者が安心して地域生活を送れるよう、地域の相談支援の中核的役割を担う基幹相談支援センター及び緊急時の対応や施設等からの地域移行の推進を担う地域生活支援拠点等の整備を市町村の努力義務とする
③都道府県及び市町村が実施する精神保健に関する相談支援について、精神障害者のほか精神保健に課題を抱える者も対象にできるようにするとともに、これらの者の心身の状態に応じた適切な支援の包括的な確保を旨とすることを明確化する

Point 2

障害者の多様な就労ニーズに対する支援及び障害者雇用の質の向上の推進【障害者総合支援法、障害者雇用促進法】

①就労アセスメント（就労系サービスの利用意向がある障害者との協同による、就労ニーズの把握や能力・適性の評価及び就労開始後の配慮事項等の整理）の手法を活用した「就労選択支援」を創設するとともに、ハローワークはこの支援を受けた者に対して、そのアセスメント結果を参考に職業指導等を実施する
②雇用義務の対象外である週所定労働時間10時間以上20時間未満の重度身体障害者、重度知的障害者及び精神障害者に対し、就労機会の拡大のため、実雇用率において算定できるようにする
③障害者の雇用者数で評価する障害者雇用調整金等における支給方法を見直し、企業が実施する職場定着等の取組に対する助成措置を強化する

Point 3

精神障害者の希望やニーズに応じた支援体制の整備【精神保健福祉法】

①家族等が同意・不同意の意思表示を行わない場合にも、市町村長の同意により医療保護入院を行うことを可能とする等、適切に医療を提供できるようにするほか、医療保護入院の入院期間を定め、入院中の医療保護入院者について、一定期間ごとに入院の要件の確認を行う
②市町村長同意による医療保護入院者を中心に、本人の希望のもと、入院者の体験や気持ちを丁寧に聴くとともに、必要な情報提供を行う「入院者訪問支援事業」を創設する。また、医療保護入院者等に対して行う告知の内容に、入院措置を採る理由を追加する
③虐待防止のための取組を推進するため、精神科病院において、従事者等への研修、普及啓発等を行うこととする。また、従事者による虐待を発見した場合に都道府県等に通報する仕組みを整備する

Point 4

難病患者及び小児慢性特定疾病児童等に対する適切な医療の充実及び療養生活支援の強化【難病法、児童福祉法】

①難病患者及び小児慢性特定疾病児童等に対する医療費助成について、助成開始の時期を申請日から重症化したと診断された日に前倒しする
②各種療養生活支援の円滑な利用及びデータ登録の促進を図るため、「登録者証」の発行を行うほか、難病相談支援センターと福祉・就労に関する支援を行う者の連携を推進するなど、難病患者の療養生活支援や小児慢性特定疾病児童等自立支援事業を強化する

Point 5

障害福祉サービス等、指定難病及び小児慢性特定疾病についてのデータベース（DB）に関する規定の整備【障害者総合支援法、児童福祉法、難病法】

障害DB、難病DB及び小慢DBについて、障害福祉サービス等や難病患者等の療養生活の質の向上に資するため、第三者提供の仕組み等の規定を整備する

Point 6

その他【障害者総合支援法、児童福祉法】

①市町村障害福祉計画に整合した障害福祉サービス事業者の指定を行うため、都道府県知事が行う事業者指定の際に市町村長が意見を申し出る仕組みを創設する
②地方分権提案への対応として居住地特例対象施設に介護保険施設を追加する

障害者の一人暮らしを支援する体制の強化（グループホームの支援拡大）

グループホームの支援内容に、一人暮らしを希望する利用者やすでに一人暮らしをしている利用者に対する支援が含まれることになりました。

● 自分で選択した場所で暮らせる社会に

住み慣れた地域でその人らしく安心して暮らすことができるために、「住まい」はとても大切です。障害のある人の住まいの選択肢としては、自宅以外に**グループホームや病院、施設など**がありました。

中でもグループホームは障害者自立支援法のサービスとして位置づけられており、入浴や食事、排せつなどの日常生活における支援や、就労先や日中活動サービスとの連絡調整など、障害者が人間らしい暮らしを営むための支援を行っています。ちなみに令和３年２月時点で、グループホームを利用している人は約 14 万人です。

● 自立した日常生活への移行を支援する体制を整備

従来の支援体制では、グループホームを出て一人暮らしを希望する障害者に対する支援が行き届いておらず、グループホームを出たくても出られないケースがありました。そこで今回の改正では、**グループホームを出て一人暮らしを希望する障害者のための支援が強化**されました。一人暮らしを始めても困らないように、グループホームにいる間に料理や掃除などの家事サポートや、お金・服薬の管理支援のほか、住む家を決めるための支援なども行います。

また、実際に一人暮らしを始めたとしても、環境の変化についていけずにストレスを抱えたり、一人暮らしが続けられなかったりするケースもあります。そのようなことを防ぐため、**グループホームを退去した後も一定期間はサポートが受けられるようになりました**。退去後も支援を受けられることで、障害者が安心して一人暮らしができることが期待されています。

一人暮らしを支援する体制の強化

見直しの内容

現行の支援内容

・主として夜間において、共同生活を営むべき住居における相談、入浴、排せつまたは食事の介護その他日常生活上の援助を実施

・利用者の就労先または日中活動サービス等との連絡調整や余暇活動等の社会生活上の援助を実施

＋

一人暮らし等を希望する場合

居宅における自立した日常生活への移行を希望する入居者に対し、居宅生活への移行や移行後の定着に関する相談等の支援を実施

支援例

グループホーム入居中：一人暮らし等に向けた調理や掃除等の家事支援、買い物等の同行、金銭や服薬の管理支援、住宅確保支援
グループホーム退居後：当該グループホームの事業者が相談等の支援を一定期間継続

今後の生活に対する希望（グループホーム利用者へのアンケート）

将来、グループホームを出て一人暮らしをしてみたいか

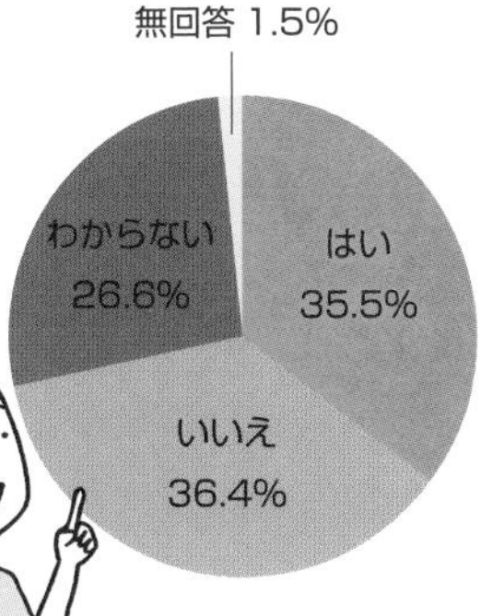

将来、グループホームを出てパートナー（友だちや恋人）と暮らしてみたいか

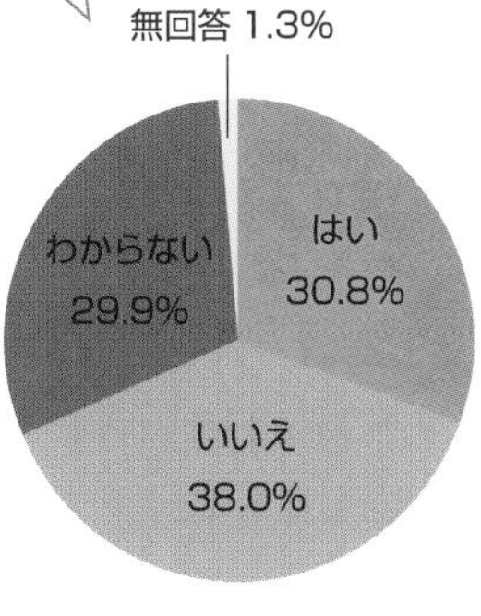

将来、グループホームを出て実家の家族と暮らしたいか

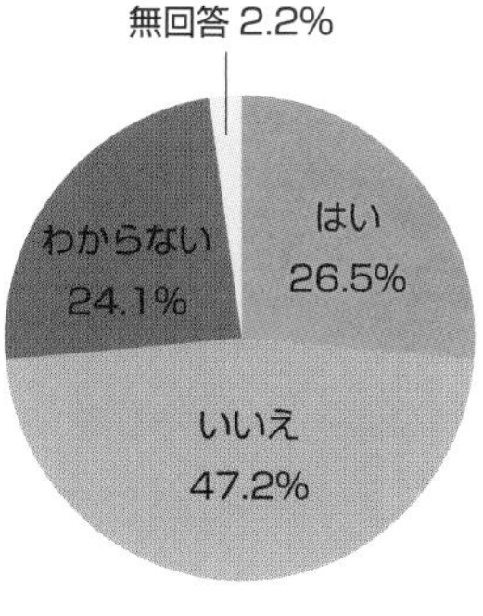

【出典】厚生労働省「障害者の居住支援について」

地域の支援体制の整備が努力義務に（地域相談支援体制の整備）

地域の相談支援の拠点として総合的な相談業務や成年後見制度利用支援事業を実施するのが、「基幹相談支援センター」です。

●相談支援事業の体制強化が課題に

障害者が日常的に困りごとを相談したり、暮らしに必要な支援を受けられたりする施設として平成24年から始まったのが**基幹相談支援センター**です。基幹相談支援センターでは相談支援事業者に対して助言や指導などの支援を行っていますが、センターの設置は増えてはいるものの、すべての人に十分な支援が行き届いているとは言いがたく、令和4年時では設置している市町村は半分程度にとどまっています。また、障害が重くなったり、両親が亡くなったりといった緊急時に対応する施設として地域生活支援拠点等の整備も進められてきましたが、こちらも約5割の市町村での整備にとどまっています。精神保健に関する課題が複雑多様化する中で、障害者が安心して暮らせるように支援を進めるためには、相談支援事業をより充実したものにし、体制を強化することが課題となっていました。

●相談支援センターの設置が市町村の努力義務となる

そこで今回の改正では、基幹相談支援センターが地域の相談支援の中核としての役割を果たすことができるよう、**基幹相談支援センターの設置が市町村の努力義務となる**ことが決まりました。同様に、**緊急時に対応するための地域生活支援拠点等の整備も努力義務化**されています。相談支援については、**精神障害者だけでなく精神保健に課題を抱える人も対象**となり、相談支援を受けられる側の対象が拡大されました。精神保健福祉士の業務についても、**精神保健に課題を抱える人に対する相談援助が追加**されることになりました。これにより、**障害者が総合的な支援を受けやすくなることが期待**されています。

基幹相談支援センターと相談支援の流れ

基幹相談支援センターの設置状況

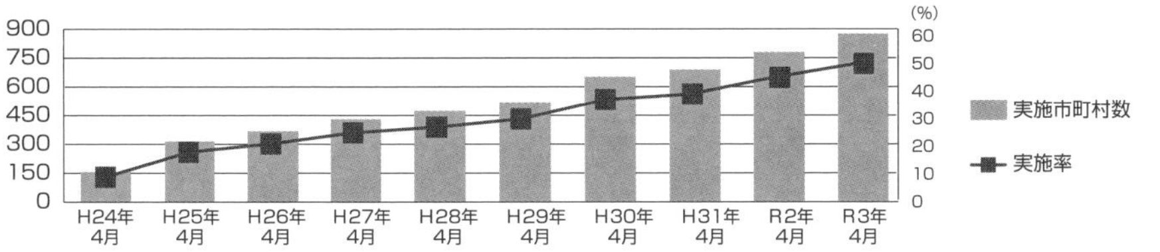

【出典】厚生労働省「障害者の相談支援等について③」

相談支援の流れ

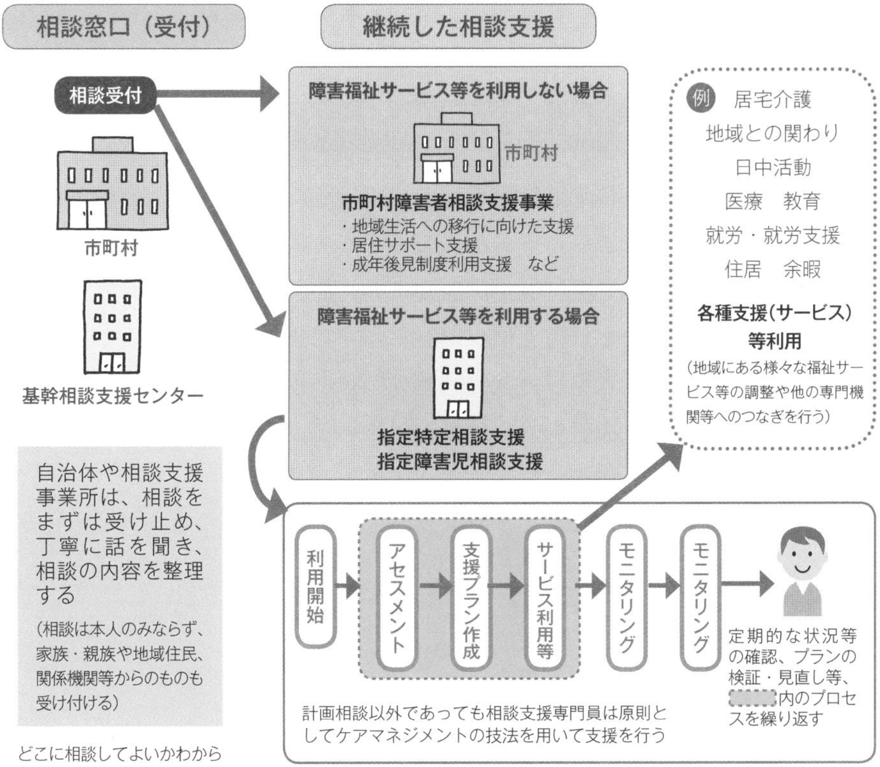

どこに相談してよいかわからない場合は、市町村か基幹相談支援センターに相談

「指定特定相談支援」「特定障害児相談支援」とは、障害福祉サービスを利用するために申請を行う際に必要なサービス等利用計画を作成したり、随時モニタリングを行ったりして、障害者がより良い生活を送れるように支援することです。

就労アセスメントの手法を活用した「就労選択支援」を創設（就労選択支援の創設）

就労アセスメントの手法を活用して、本人の希望、就労能力や適性に合った選択を支援する新たなサービスが創設されます。

●働き方が多様化する中、きめ細やかな就労支援が求められている

障害者が安心して地域で仕事に就けるよう、国は**障害者雇用施策と障害福祉施策に基づいて障害者の就労支援を進めてきました**。その結果、民間企業で約 60 万人、就労系障害福祉サービス事業所で約 40 万人の障害者が就労しています。

就労を希望する人の中には、たくさん働きたい人もいれば短時間だけ働きたい人、様子を見ながら勤務時間を増やしていきたい人などがおり、症状や環境によって就労に対するニーズが異なります。就労に対するニーズや社会状況の多様化が進む中で障害者が働きやすい社会を実現するためには、これまで以上にきめ細やかな就労支援が求められています。

●就労アセスメントを活用した就労選択支援サービスが創設

そこで、障害者本人が就労先や働き方についてより良い選択ができるよう**就労アセスメントの手法を活用**し、本人の希望や就労能力、適性などと合致する選択を支援するため、**新たに就労選択支援サービスが創設**されました。ハローワークはアセスメントの結果を活用し、障害者に対して職業指導を行うことができるようになります。

企業で働き始めた人の中には、徐々に勤務時間を増やしたいという場合もあるでしょう。このようなニーズに対応するため、状況に応じて**一般就労中でも就労系障害福祉サービスを一時的に利用できることが法律上位置づけられました**。さらに、障害者が安心して一般就労に移行することができるよう、**市町村や障害福祉サービス事業者の連携先として障害者就業・生活支援センターが規定**されます。

就労選択支援における就労アセスメントの位置づけ

就労選択支援の流れ

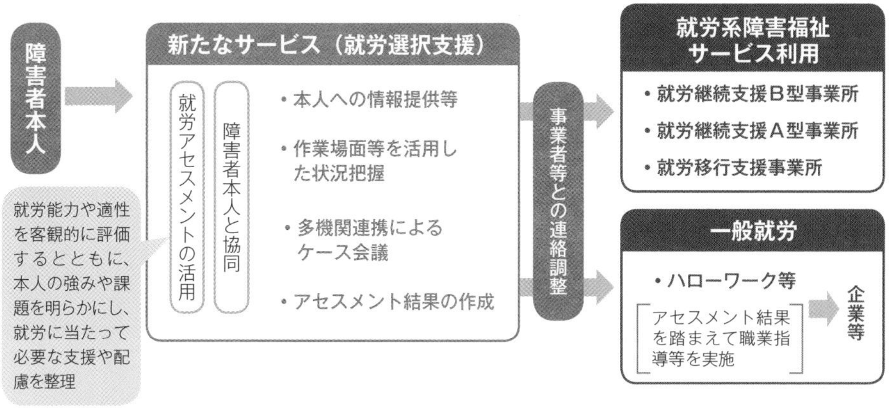

利用者のニーズに対応できる支援体制

学校在学中	能力の向上 （B型事業所等）	移行の準備 （就労移行支援）	職場定着 （就労支援機関等）
就労アセスメントの活用方法			
将来に渡り、就労に関するニーズを実現していくために、「希望する働き方」「就労能力」「就労意欲や興味」「生活状況」等のアセスメントを行い、一般就労に向けた準備や状況に応じた適切なサービス利用の選択に資するために活用する	就労系障害福祉サービスを利用開始後、事業所のサービス管理責任者と相談支援専門員の連携体制を確立し、利用者の就労能力を向上させるための支援に活用する また、利用者の長所を更に伸ばす支援を実施し、一般就労等将来的な希望を各事業所が共通して把握するために活用する	利用者の就労面、生活面のサポート体制を整備する際の各支援機関の情報共有等のために活用する また、利用者の希望が具体的に実現するよう、一般就労を希望する者へ適切な求人情報を提供する際の基礎情報として活用する	一般就労後、定着支援体制を構築する際の各支援機関の情報共有等のために活用する また、就業・生活支援センターやジョブコーチを派遣する機関等が、利用者の情報を把握し、職業上の課題を解決するために活用する
各機関・事業所の役割			
●**特別支援学校** 個別の教育支援計画作成の際に、就労アセスメント結果を参考にする ●**相談支援事業所** 利用者のニーズや働く力に応じた適切なサービス等利用計画を作成するために就労アセスメント結果を活用する ●**就労移行支援事業所、就業・生活支援センター** 就労アセスメントを実施し、結果を支援機関で共有する	●B型事業所 就労アセスメントを基に、利用者の働く力が向上するように個別支援を実施する 利用者の成長等、就労アセスメント結果に変化があれば、適宜情報を追加・更新する ●**相談支援事業所** モニタリングの際に、就労アセスメント結果に追加・更新された情報を確認し、利用者の働く力の向上の度合いを把握する	●**就労移行支援事業所** 就労アセスメント結果を適宜追加・更新しつつ、一般就労や生活面の支援を実施する際に関係機関と共有する。一般就労を希望する場合は、就業・生活支援センター等と連携する ●**相談支援事業所** モニタリングを行う際に、追加・更新された就労アセスメント結果を参考にする ●**就業・生活支援センター** 追加・更新された就労アセスメント結果を基に、一般就労に向けた支援を行う	●**相談支援事業所** 協議会等のネットワークを基にした定着支援体制を構築する際に、各機関と就労アセスメント結果を共有する ●**就業・生活支援センター** 相談支援事業所と連携して定着支援体制を構築する際に就労アセスメント結果を活用するとともに、定着支援を行う際の就労面の長所や課題を把握しておくために活用する

短時間労働者の就労機会が拡大し、働きやすくなる（短時間労働者も実雇用率にカウント）

精神障害者、重度身体障害者及び重度知的障害者については、10 時間以上 20 時間未満であっても、雇用率において算定できるようになりました。

●短時間でも働きたいというニーズは強い

すべての事業主が従業員の一定割合以上の障害者を雇用することが、障害者雇用率制度によって義務づけられています。こうした取り組みが功を奏し、民間企業に雇用されている障害者の数は年々増加。令和３年には障害者雇用を達成した企業の割合は 47%となりました。

１週間の所定労働時間が 20 時間以上の場合に雇用義務が課されますが、すべての障害者が長時間勤務できるわけではありません。中には、長時間勤務が心身的に難しい人も一定数います。特に精神障害者においては、長時間集中して仕事をすることが難しいケースや、疲れやすく体力的に難しいケースなどもあり、１週間の所定労働時間が 20 時間に満たなくても働きたいという声が根強くありました。

●法改正によって、短時間労働者の就労の機会が拡大

短時間勤務を希望する人の声に応えるため、今回の改正では、精神障害者、重度身体障害者及び重度知的障害者を対象に、**１週間の所定労働時間が 10 時間以上 20 時間未満の場合も実雇用障害者数や実障害者雇用率（常用雇用労働者に占める、障害者労働者の数）にカウントできる**ことになりました。１週間の所定労働時間が 10 時間以上 20 時間未満の精神障害者については、一人ではなく 0.5 人としてカウントされることになります。これにより、今までは就労時間が少なかったために雇用が難しかった障害者にも、就労の機会が増えることが期待できます。また、今回の改正によって短時間労働者にも就労機会の拡大を図ることができるようになったことから、**従来支給されていた特例給付金が廃止**されることになりました。

算定方法の改正と実雇用率の変化

雇用率制度における算定方法（赤枠が措置予定の内容）

週所定労働時間		30時間以上	20時間以上 30時間未満	10時間以上 20時間未満
身体障害者		1	0.5	－
	重度	2	1	0.5
知的障害者		1	0.5	－
	重度	2	1	0.5
精神障害者		1	0.5※	0.5

※ 一定の要件を満たす場合は、0.5ではなく1とカウントする措置が令和4年度末までとされているが、省令改正を行い延長予定

企業義務となる障害者雇用率は令和5年から2.7%となります。

雇用障害者数と実雇用率の推移

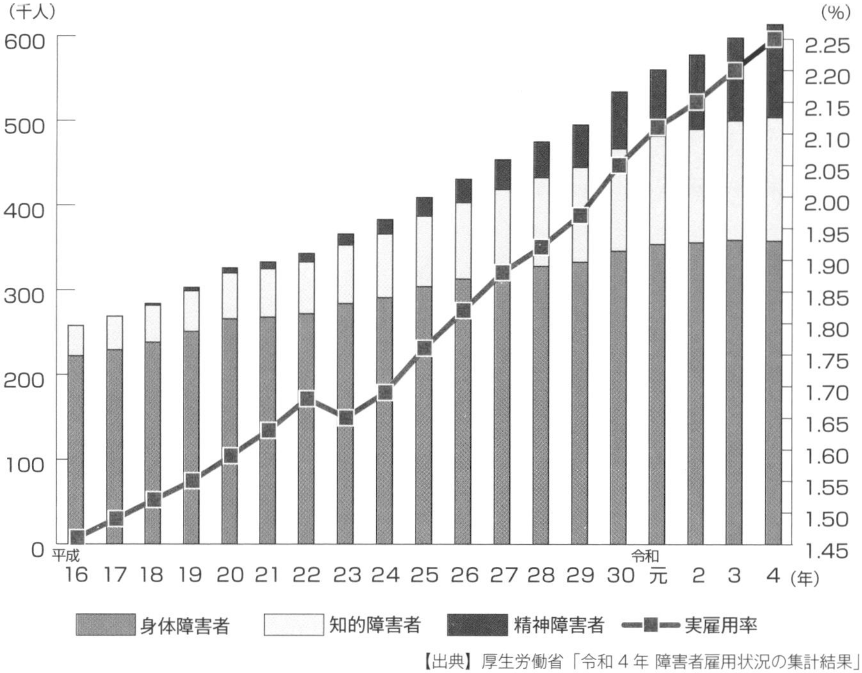

【出典】厚生労働省「令和4年 障害者雇用状況の集計結果」

障害者雇用調整金等における支給方法の見直し（障害者雇用の質の向上の推進）

雇用の質の向上のための支援を行う助成金の利用率が低いことから、新たな助成金を新設するなど、仕組みの見直しが進められました。

●障害者雇用はすべての事業主の社会的責務

障害者に雇用の場を提供することは社会的な責務であり、すべての事業主が共同でその責務を負っています。障害者の雇用に関する事業主の社会連帯責任を果たすために、**法定雇用率を満たしていない事業主からは納付金を徴収して資金を集め、障害者を多く雇用している事業主に調整金や報奨金、各種の助成金を支給するという仕組み**がつくられました。しかし現状では、雇用する障害者の数で評価する調整金や報奨金が支出のほとんどを占めており、雇用の質の向上のための支援を行う助成金の支出は限られています。障害者が自分の能力や適性を生かしてやりがいのある仕事に就くことができるよう、障害者の職場定着等の取組みに対する支援を充実させることが求められています。

●助成金の新設など、雇用の質の向上を促す法改正が実施

今回の改正では、障害者雇用の質の向上を促すために次の項目が見直されることになりました。

1. 事業主が一定数を超えて障害者を雇用する場合、超過人数分の調整金や報奨金の支給額を調整

改正後は、一定数を超えて障害者を雇用する際には、超過人数分の単価が引き下げられます。

2. 事業主の取組支援のため、助成金を新設

35歳以上の中高年齢等障害者を対象に、業務に必要な施設の設置や職務遂行のための能力開発などを支援する助成金が新設されました。

障害者雇用納付金助成金の整理と拡充

納付金制度の概要

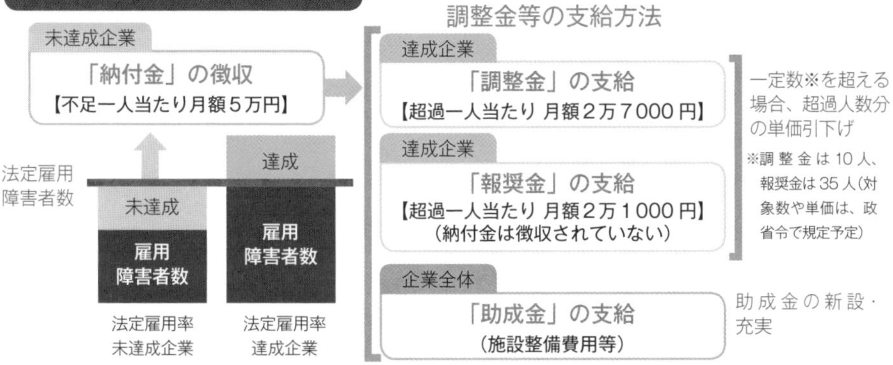

支給額等、支給回数・期間

業務の遂行に必要な施設の設置等への助成（障害者作業施設設置等助成金の拡充）

支給額等			支給回数・期間
助成対象措置	助成率	上限額	
設置又は整備（貸借によるものを除く）	２／３	年450万円／人（作業設備のみ：150万円。中途障害者は450万円）会計年度・4500万円／事業所	貸借の場合：最大３年間
貸借	２／３	月13万円／人（作業設備のみ：５万円。中途障害者は13万円）	

職務の遂行のための能力開発（職場介助者等助成金の拡充）

支給額等			支給回数・期間
対象事業主	助成率	上限額（年額・一人当たり）	
中小企業事業主等以外の事業主	３／４	20万円	最大１年間
中小企業事業主等（※１）	３／４	30万円	

業務の遂行に必要な者の配置又は委嘱（職場介助者等助成金、職場適応援助者助成金の拡充）

支給額等			支給回数・期間
助成金	配置	委嘱	
職場介助者（助成率：２／３）手話通訳・要約筆記等担当者（助成率：２／３）	月13万円／人（※１：15万円／人）	１人0.9万円／回（※１：１万円）（上限：年135万円／人（※１：150万円）	最大10年間（職場介助者、手話通訳担当者）最大６年間（職場支援員）
職場支援員	月３万円／人（※１:４万円）	１人　１万円／回（上限：※２）	

助成金	訪問型	企業在籍型		支給回数・期間
		精神障害者以外	精神障害者	
職場適応援助者	４時間以上1.8万円 ４時間未満9000円 上限額：3.6万円／日 （支援ケースごと）	月６万円（※1:8万円）	月９万円（※1:12万円）	最大10年間（職場介助者、手話通訳担当者）最大６年間（職場支援員）

※１　中小企業事業主又は調整金支給調整対象事業主
※２　既存メニューの上限が４万円／月であることを踏まえ、288回（４回×12ヵ月×６年）最大６年間の中で、柔軟に使えるよう設定

家族の意思表示がなくても医療保護入院が可能に（医療保護入院の見直し）

必要な入院治療について本人や家族が同意できない場合でも、市町村長の同意によって入院治療の措置を行うことができるようになりました。

●医療保護入院とは

精神障害の治療においては、入院治療に頼らずに本人の意思を尊重することが大切です。とはいえ、疾患によっては入院が必要なケースもあります。基本的には本人や家族の判断によって入院治療を行うことになりますが、本人が入院が必要かどうかを判断できないケースや、症状が悪化してしまうことで判断能力が低下してしまう精神疾患などもあります。自傷他害のおそれがあれば、措置入院や緊急措置入院という対応を行うことができますが、そこまでの症状が出ていなくても入院治療が必要なケースも少なくありません。このような場合、家族の同意があれば本人の同意がなくても入院が認められる形態として、医療保護入院という形態があります。

●市町村長の同意があれば医療保護入院が可能に

医療保護入院は、原則として家族一人の同意が必要です。しかし、家族がすでに亡くなっていたり、遠方に住んでいて何十年も親交がないような場合には、適切な同意や不同意を得ることが難しいことがあります。そこで法改正により、家族等が同意・不同意の意思表示を行わない場合にも、市町村長の同意によって医療保護入院を行うことが可能になりました。入院の際には、入院理由を記載した書面が精神障害者だけでなく家族等にも交付されます。また、入院が不当に長引いたり、入院が必要な状態なのに退院させたりといった対応を防ぐため、入院期間を定めて期間ごとに入院の要件を確認することとしました。入院から退院まで支援を行う体制を整えることによって、精神障害者が適切に医療を受けられる環境が整うことが期待できます。

医療保護入院の流れ

改正後の医療保護入院

精神障害者

入院の要件

診察
・入院治療は必要だが、自ら同意できる状況にない
・精神保健指定医１名の判定

家族等の同意
・家族等がいない場合は市町村長同意

家族が意思表示を行わない場合も市町村長が同意の可否を判断
（例）20年以上親交のない遠方の家族等：本人の利益を勘案して同意・不同意をすることが困難

入院時の手続

精神障害者に書面で通知
（通知する事項）
・入院措置を採ること
・退院等請求に関すること

入院後の手続
・病院から都道府県に入院の届出を提出
・精神医療審査会が、入院の届出を審査

入院期間を定め、精神科病院において期間ごとに入院の要件（病状、同意能力等）を確認

退院に向けた支援
・退院支援を行う相談員を選任
・地域の福祉等関係機関の紹介
・退院支援委員会の設置

面会交流

本人の希望のもと「入院者訪問支援事業」を実施（都道府県等事業）

入院した人の権利擁護のための取組みを一層推進

退院

精神科病院の入院形態

種類	任意入院	強制入院	
		医療保護入院	措置入院
責任主体	精神科病院の管理者	精神科病院の管理者	都道府県知事による入院措置
要件	本人の同意に基づく入院	①精神保健指定医１名による診察の結果 ②精神障害者であり、かつ、医療及び保護のために入院の必要がある者であり、任意入院が行われる状態にないと判定され、 ③家族等１名が同意すること（虐待を行った者は除く） 同意を求めることができない場合は市町村長の同意があること	①精神保健指定医２名による診察の結果 ②精神障害者であり、かつ、 ③自傷他害のおそれがあると認められること

入院治療を受けている患者の支援体制の強化（入院者訪問支援事業の創設）

孤独になりがちな精神科病院の入院患者に対し、外部との面会交流の機会を確保する「入院者訪問支援事業」が創設されました。

●精神科病院の入院患者に向けた「入院者訪問支援事業」が創設

精神科病院で入院治療を受けている人は医療機関外との面会交流が途絶えやすく、孤独感を感じやすいものです。そこで、**本人や家族の同意がなく市町村長が同意して入院した精神障害者を支援するため「入院者訪問支援事業」が創設**されました。本格的に稼働し始めるのは令和６年４月からとなっていますが、それに先立ち、**入院者訪問支援員を育成するための研修が令和５年から始まっています**。令和５年度の支援員養成研修は国が実施しましたが、令和６年度以降は都道府県が実施する予定です。本事業の設置は任意ですが、こうして仕組みができたことによって、精神科病院で入院治療を受ける人に対する支援体制がより強化することが期待できます。

●入院者訪問支援事業は医療機関にも患者にもメリット

患者が希望すれば、都道府県などが認めた研修を修了した人の中から都道府県などに選任された**入院者訪問支援相談員が２人一組で病院を訪問し、患者本人と面会交流を図ります**。面会交流では、入院している支援対象者の話を丁寧に聞き取り、入院中の生活に関する相談を受けたり、希望する支援を受けるために必要な情報を提供するといった支援を行います。訪問支援員による面会交流が行われることで、入院患者本人にとっては、病院に対して希望や気持ちを伝えることができるようになる、適切な情報収集ができるなどのメリットがあるでしょう。また、医療機関側にとっても、相談員という第三者が介在することによって病院の風通しが良くなること、入院患者の気持ちや権利擁護への理解が進むことなどのメリットがあると考えられます。

入院者訪問支援事業の仕組み

入院者訪問支援事業

市町村長同意による
医療保護入院患者

精神科病院

入院者訪問支援員を希望 →

← 入院者訪問支援員を派遣

都道府県等

・入院者訪問支援員に対する研修
・入院者訪問支援員の任命・派遣等
・精神科病院の協力を得て、支援体制を整備

【入院者訪問支援員の役割】
・精神科病院を訪問し、本人の話を丁寧に聞く
・入院中の生活相談に応じる
・必要な情報提供等を行う

↓

患者の孤独感・自尊心の低下を軽減し、
権利擁護を図る

訪問支援員による面会交流

さまざまな立場による支援

専門職
（医療者、福祉職員、行政職員等）
・適切な療養環境の提供・情報提供
・本人中心の医療、ケアの提供など

同じような仲間
・深い共感
・経験の共有など

訪問支援員など →（入院者訪問支援事業）

家族、友人など
・本人への寄り添い
・本人と一緒に専門職の話を聞く
・本人の代理人的役割

訪問支援員の特徴
- 利害関係のない第三者
- 中立的な立場でなく、本人の立場に立った味方になる
- 本人の希望や意思に基づいて行動する
- 本人の力を発揮できるように力を奪わない
- 本人のタイミングを尊重する
- 無理に本音や希望を引き出さない
- できない約束はしない

訪問支援員の面会交流によって具体的な行動につながる
（本人ができるようになることの例）

気持ちの整理がつく	自分の気持ちを話せたことで気持ちの整理がつく
自身で病院職員に伝えられる	自分自身で病院職員に希望や気持ちを伝えることができる
情報収集できる	社会資源について自分なりに、あるいは病院職員に依頼して調べる
退院請求や処遇改善請求	審査会への請求が必要だと感じれば、退院請求や処遇改善請求を行う

→

相談の結果期待されること
（医療機関側のメリットの例）

療養環境の改善	病院の風通しが良くなることによる療養環境の改善
職員の意識の向上	当事者中心の考え方、権利擁護に対する理解が進む
医療の質の向上	より当事者中心の医療を提供できる

従事者による虐待の通報の義務化

(精神科病院における虐待防止の推進)

従事者による虐待を防止するため、通報義務を課すなど、都道府県等の指導監督の強化を図る取組みが始まりました。

●虐待防止のための取組みを強化

閉鎖された空間になりやすい精神科病院では、しばしば職員による精神障害者に対する虐待が起こり、社会問題になっています。虐待を防止するためには、個々の職員だけでなく組織全体での取組みが不可欠です。そのため、改正前も職員に対して研修を実施したりマニュアルを作成するなど、虐待防止や早期発見、再発防止に向けた組織風土を作るという取組みが行われていました。実際に虐待が起きてしまった場合には、病院側から都道府県などへの通報が行われていたケースもありますが、**通報は必ずしも義務ではなかったため、虐待の疑いがある事案に対して通報件数が少ないという課題がありました**。

●虐待の疑いがあるときの通報が義務づけ

今回の法改正では、精神科病院における虐待防止のための取組みをより一層進めるため、**精神科病院の職員から虐待を受けたと思われる患者を発見した人は、都道府県等に通報することが義務づけられました**。ただ、中には通報することによって病院内での立場が悪くなることを危惧する人も出てくるかもしれません。そこで、**通報した場合に解雇などの不当な扱いを受けないことも合わせて明確化**されました。さらには、**都道府県等は毎年虐待状況等を公表することも定められています**。虐待が行われない組織風土を育てていくとともに、虐待が起きてしまったときの通報義務などを設定することにより、多角的に虐待を防ぐための取組みが進むことが期待されています。

障害者の虐待防止のための仕組みを強化

通報の仕組み

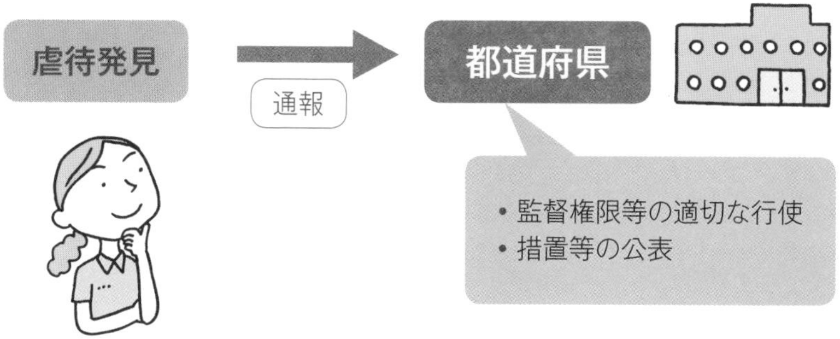

通報・届出の対象となった障害者数（障害種別・虐待種別）

①障害種別

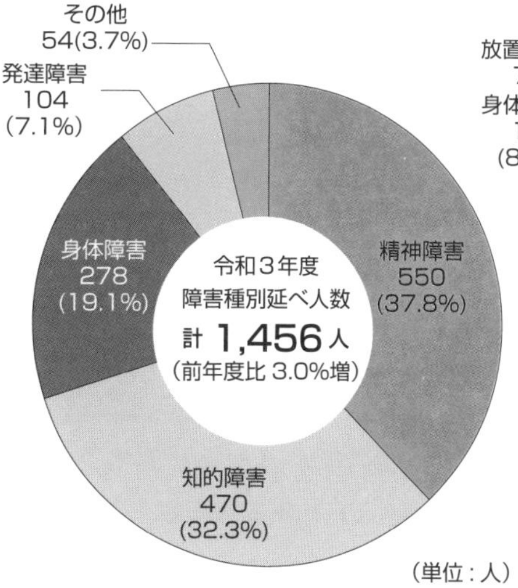

②虐待種別

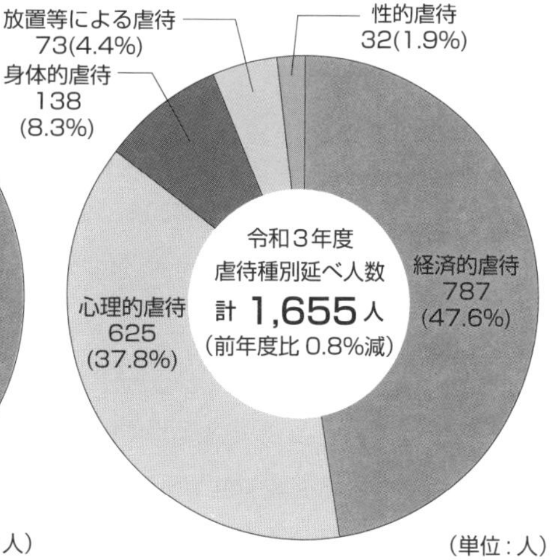

【出典】厚生労働省「令和３年度使用者による障害者虐待の状況等」

医療費助成の助成開始時期が前倒しに（難病患者への支援強化）

難病患者が必要な医療費助成を適切なタイミングで受けることができるよう、医療費助成の開始時期が前倒しされます。

●申請から医療費助成の受け取りまでの時間の長さが課題

パーキンソン病などの難病は治療期間が長く、費用も高額になりがちです。そこで、**指定難病や小児慢性特定疾病については国から医療費の助成が受けられる仕組みがあり**、適切な医療を受けやすくなっています。従来、指定難病や小児慢性特定疾病の医療費助成の開始時期は申請日となっていました。しかし、医療費助成の申請には診断書や申請書、住民票などのさまざまな書類が必要となり、申請のために書類を揃える時間がかかります。そのため診断された後に一定期間は医療費助成が受けられない期間が生じてしまい、患者の経済的な負担が大きいことが課題となっていました。

●医療費助成の開始時期が前倒しに

そこで今回の法改正では、**医療費助成の開始時期を「重症度分類を満たしていることを診断した日」（重症化時点）に前倒しする**ことが盛り込まれました。これによって、**医療費助成の要件を満たした時点を医療費助成の開始時期にすることができる**ようになり、患者の経済的な負担が軽くなることが見込めます。

注意が必要なのは、前倒しできる期間が決まっていることです。重症化時点として考えることができるのは、原則として申請日から1ヵ月前まで。例えば、3月1日に重症化したと診断されて5月1日に申請した場合、3月1日に遡って医療費助成を受けることはできません。ただし、入院やその他の緊急の治療が必要であった場合などは、最長で3ヵ月さかのぼることができます。

難病医療費申請の仕組み

難病医療費申請の流れ

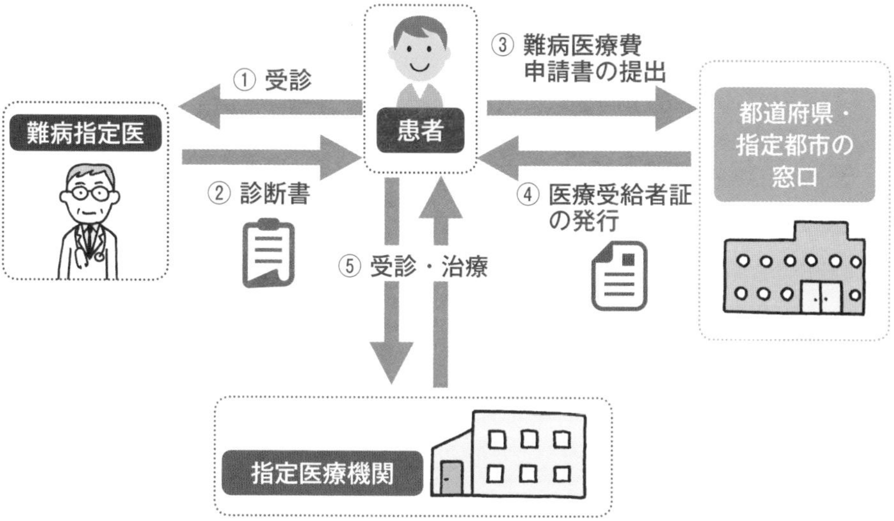

医療費助成の開始時期の変更点

			申請日 3ヵ月前	申請日 1ヵ月前	申請日
原則	重症化時点から申請日が **1ヵ月以内**の場合			重症化時点 助成開始 ← さかのぼり	
原則	重症化時点から申請日が **1ヵ月を超える**場合		重症化時点 助成開始	← さかのぼり	
やむを得ない理由がある場合	重症化時点から申請日が **3ヵ月以内**の場合		重症化時点 助成開始	← さかのぼり	
やむを得ない理由がある場合	重症化時点から申請日が **3ヵ月を超える**場合	重症化時点 助成開始	← さかのぼり		

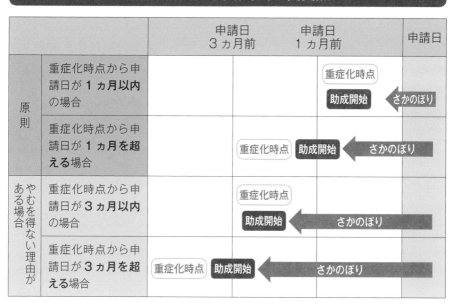

難病患者の情報を集約して総合的に支援を行う（難病患者等の療養生活支援の強化）

障害福祉サービスを総合的に受けられるようにするため、難病患者の情報を集約して各種支援機関と連携させる取組みが強化されました。

● 登録者証発行事業の創設

難病患者や指定難病患者は、いろいろな障害福祉サービスを利用することができますが、認知度が低く十分に活用されているとは言いがたい状況です。日常生活に関する相談支援を受けるだけでなく、就労についての相談支援や福祉サービスに関する相談支援などを総合的に受けられるようにするためにも、難病患者の情報を集約して各種支援機関と連携させる必要があります。そこで、今回の改正で**登録者証を発行する事業が創設されました**。従来は医師の診断書が指定難病患者等の証明書としての役割を果たしていましたが、それに代わり、**登録者証を証明書として使用できるようになります**。

また、指定難病患者等の多様なニーズに対応できる仕組みを整えるため、難病相談支援センターが中心となって、福祉関係者や就労支援関係者と連携することが明記されます。

● 小児慢性特定疾病児童等の実態把握事業が努力義務に

都道府県などでは小慢児童（小児慢性特定疾病児童）に対する自立支援事業を行っていますが、療養生活支援事業の実施率が13.7%、相互交流支援事業の実施率が31.3%にとどまるなど、任意事業（→ P140）の実施率が低いことが課題となっています。そこで今回の法改正では、地域の小慢児童や保護者がどのような状況にあるのか、どういった課題を抱えているのかを捉え、任意事業の実施や利用を進めるために**「実態把握事業」などが努力義務化**されました。**相談支援事業が必須**となり、そこで得られたニーズに応じた事業を実施することが努力義務となります。

地域における支援体制や自立支援の仕組み

見直し後の地域における支援体制（難病）

指定医療機関

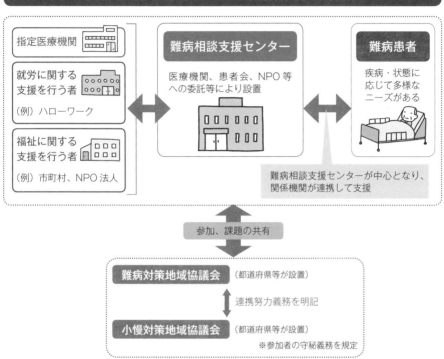

就労に関する支援を行う者
（例）ハローワーク

福祉に関する支援を行う者
（例）市町村、NPO法人

難病相談支援センター

医療機関、患者会、NPO等への委託等により設置

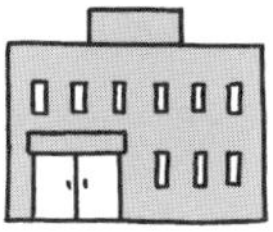

難病患者

疾病・状態に応じて多様なニーズがある

難病相談支援センターが中心となり、関係機関が連携して支援

参加、課題の共有

難病対策地域協議会（都道府県等が設置）

連携努力義務を明記

小慢対策地域協議会（都道府県等が設置）

※参加者の守秘義務を規定

見直し後の小慢児童等の自立支援

都道府県の必須事業

相談支援事業

個々のニーズ把握・相談支援・自立支援員による相談支援・ピアカウンセリグ等

支援ニーズに応じた事業の実施

努力義務化された事業

実態把握事業	地域のニーズ把握・課題分析等（追加）
療養生活支援事業	レスパイト等
相互交流支援事業	患児同士の交流、ワークショップ等
就職支援事業	職場体験、就労相談会等
介護者支援事業	通院の付添支援、兄弟支援等
その他の事業	学習支援、身体づくり支援等

指定難病及び小児慢性特定疾病についてのデータベースに関する規定の整備（調査・研究の強化）

調査や研究にレセプトデータや臨床データを安全に活用することができるよう、データベース（DB）に関する法的根拠の整備などが進められます。

●障害福祉や難病対策分野のデータ活用を推進

医療・介護分野では、レセプトデータや臨床データを使って薬の副作用リスクの検出や治療法の仮説検証などを行っています。こうしたデータベースは個人情報でもあるため、安全に活用するための法整備が欠かせません。障害福祉や難病対策分野においても、法的根拠の整備等の必要性が論じられてきました。

こうした課題を踏まえ、今回の改正では、障害者・障害児・難病・小児慢性特定疾病のデータベースにおいて法的根拠を整備し、国による情報収集や、都道府県などから国への情報提供義務が規定されることになりました。

データベースに登録されている情報は極めて重要な個人情報でもあることから、原則としてデータの登録に関しては本人の同意が必要です。また、情報を利用する事業者には厳重な管理やセキュリティ対策が求められます。そこで、データベースの情報を利用する際の手続きや利用するための要件や手数料、第三者に提供する際のルールなどが定められました。

●軽症の難病患者もデータベースに登録が可能に

指定難病患者データベースはこれまでも存在していましたが、基本的に医療費助成の申請時に提出された診断書の情報が登録されているため、医療費を助成しない軽症の難病患者等については、データそのものが登録されていませんでした。そこで今回の改正では、医療費助成の対象とならない軽症の指定難病患者の情報についても、データベースへの登録が可能となりました。

データ登録のオンライン化

データ登録のオンライ化が実現した場合の流れ

①指定医は臨床調査個人票（難病患者に対する診断書）を患者へ交付する
②指定医の所属する医療機関は、当該患者の臨床調査個人票情報を「指定医 - 医療機関ＤＢ」に登録する
③患者は、申請書に臨床調査個人票を添えて自治体に医療費助成の申請を行う
④自治体がデータベースへアクセスすることで、患者データが「指定医 - 医療機関ＤＢ」から「自治体ＤＢ」に複写される
⑤自治体は、臨床調査個人票とＤＢ登録内容が整合していることを確認した上で、機械判定の結果を確認しつつ認定審査を実施
⑥データ登録について同意を取得した患者のデータを「国ＤＢ」に複写する

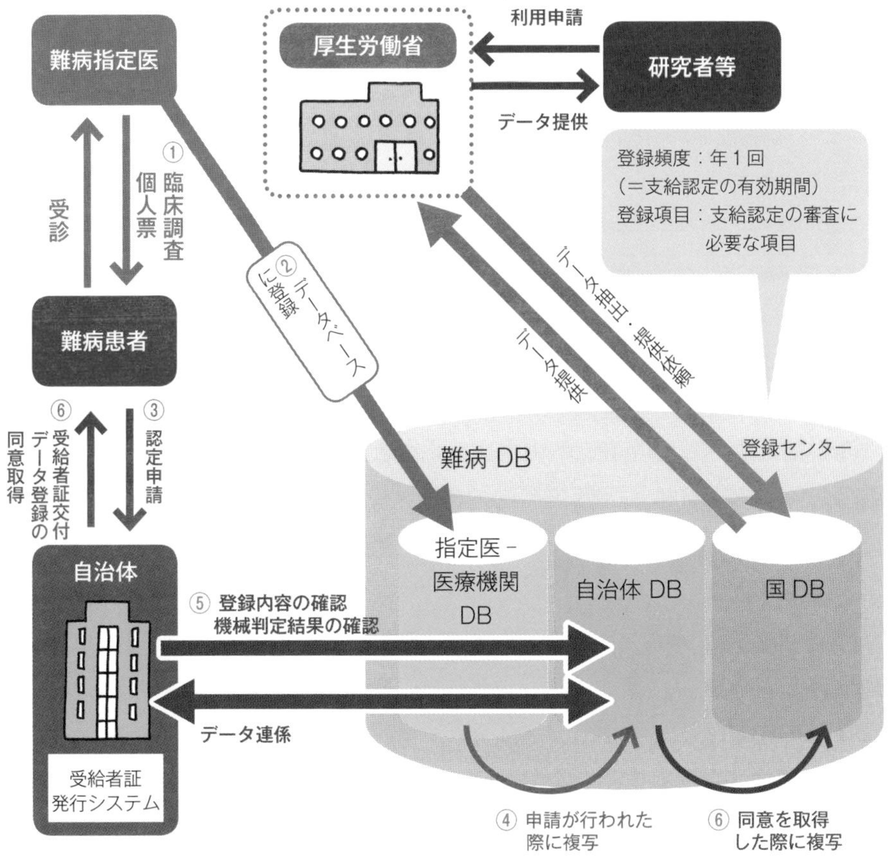

障害福祉サービス事業者指定の仕組みを導入／居住地特例の見直し(その他)

地域のニーズを反映した障害福祉計画を進めるため、サービス事業者の指定に関する市町村の権限が拡大されるなど、法改正が進んでいます。

●事業者指定に関して都道府県が意見や勧告、指定取消等ができる

障害福祉サービスにおいては、市町村が障害福祉計画などを基に、必要なサービスの見込み量などを決定しています。しかし一方で、障害福祉サービス事業者の指定は、事業者の申請に基づいて都道府県が行っており、市町村は事業者の指定に関与することができませんでした。

そのため、必要なところに事業所がない、もしくは多すぎるなどの偏りが見られたり、市町村が知らない間に新規事業者の指定が行われたりするといった課題がありました。そこで改正により、**市町村は都道府県の事業者指定について、障害福祉計画との調整を図る見地から意見を申し出ることができること、都道府県は事業者に対して勧告及び指定取消しができることが定められました**。

●居住地特例の対象に介護保険施設を新設

障害福祉サービス等の支給決定は、**原則として「障害者又は障害児の保護者の居住地の市町村が行う」**とされていますが、障害者が障害者総合支援法に規定する特定施設に入所した場合には、施設のある市町村が支給決定することになります。そこで、施設が集中している市町村の財政負担を軽減するために、**施設に入所する前に住んでいた市町村が支給決定を行うという「居住地特例」**が設けられています。しかし、介護保険施設は居住地特例の対象には含まれていなかったことから、介護施設などの所在する市町村に給付費の負担が偏ってしまうという課題がありました。そこで今回の法改正により、**居住地特例の対象に介護保険施設が追加**されることになりました。

事業者指定に関する市町村の権限を拡大

障害福祉サービス事業者指定の仕組み

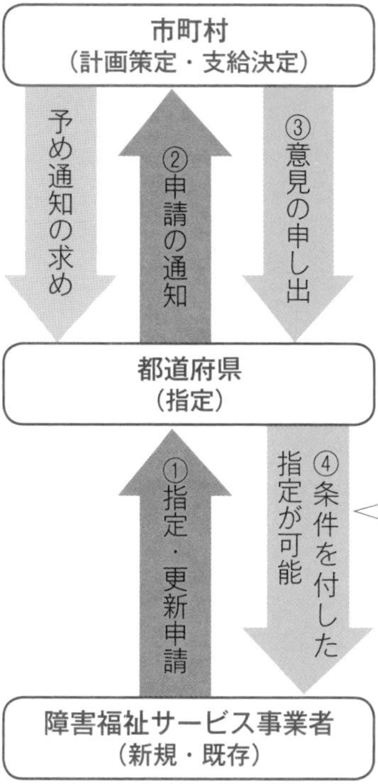

想定される条件（例）

- 市町村が計画に記載した障害福祉サービスのニーズを踏まえ、事業者のサービス提供地域や定員の変更（制限や追加）を求めること
- 市町村の計画に中重度の障害児者や、ある障害種別の受入体制が不足している旨の記載がある場合に、事業者職員の研修参加や人材確保等、その障害者の受入に向けた準備を進めること
- サービスが不足している近隣の市町村の障害児者に対してもサービスを提供すること

見直し後の居住地特例

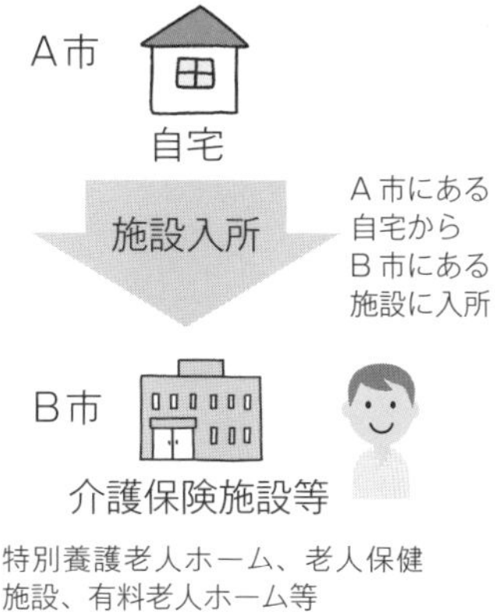

利用サービス	原則	実施主体の見直し
障害福祉サービス **補装具**：義肢、視覚障害者安全つえ **同行援護**：視覚障害者の外出支援	B市 障害者の現在の居住地の市が行う	B市➡A市

障害者総合支援法改正の内容

コラム

2024（令和 6）年の見直しの柱

障害者総合支援制度と児童福祉法の一部を改正する法律が成立した際、施行後３年をめどに見直されることが決まりました。

令和３年から障害者総合支援法等の施行状況や施策の見直しに関する議論が開始され、今回の見直しの基本的な考え方については、次の３つの柱に整理されました。

1．障害者が希望する地域生活を実現する地域づくり
2．社会の変化等に伴う障害児・障害者のニーズへのきめ細かな対応
3．持続可能で質の高い障害福祉サービス等の実現

これらを踏まえ、さらに議論を進めた上で、令和６年の法改正では、次の６つのポイントに沿って進められることになりました。

令和６年の改正の概要と６つのポイント

❶ 障害者等の地域生活の支援体制の充実【障害者総合支援法、精神保健福祉法】
❷ 障害者の多様な就労ニーズに対する支援及び障害者雇用の質の向上の推進【障害者総合支援法、障害者雇用促進法】
❸ 精神障害者の希望やニーズに応じた支援体制の整備【精神保健福祉法】
❹ 難病患者及び小児慢性特定疾病児童等に対する適切な医療の充実及び療養生活支援の強化【難病法、児童福祉法】
❺ 障害福祉サービス等、指定難病及び小児慢性特定疾病についてのデータベース（ＤＢ）に関する規定の整備【障害者総合支援法、児童福祉法、難病法】
❻ その他【障害者総合支援法、児童福祉法】

Part 2

障害者総合支援法による障害福祉サービスとは

障害者総合支援法とは、そもそもどのような法律であり制度なのでしょう？　ここではサービスの対象者、サービスの対象、サービスを提供する人、制度の柱となる2つのサービスなど、障害者総合支援法を知るためのおおもととなる考え方や定義について、詳しく解説します。

ひと目でわかる！障害者総合支援法

都道府県

- 専門性の高い相談支援
- 広域的な対応が必要な事業
- 人材育成
- 専門性の高い意思疎通支援を行う人の育成および派遣

など

支援 →

地域生活支援事業

- 理解促進研修・啓発事業
- 自発的活動支援事業
- 相談支援事業
- 成年後見制度利用支援事業
- 成年後見制度法人後見支援事業
- 意思疎通支援事業
- 日常生活用具の給付または貸与事業
- 手話奉仕員養成研修事業
- 移動支援事業
- 地域活動支援センター機能強化事業
- 任意事業（福祉ホームの運営など）

障害者・児が住み慣れた場所で生活できるよう、市町村に実施主体を一元化し、都道府県はこれをバックアップする仕組み。そうすることで、利用者に身近な市町村が責任を持って障害のある人たちにサービスを提供できるようになっている

障害児を対象としたサービス

障害児入所支援

都道府県

医療型障害児入所施設	福祉型障害児入所施設

従来の施設と同等の支援を行うと共に、対象とする障害以外の障害児を受け入れた場合に、その障害に応じた支援を提供する。医療型は医療も提供する。また18歳以上の障害児施設入所者に対しては、自立を目指した支援を提供する

保育所等訪問支援

保育所などに通っている障害児や利用予定の障害児を訪問し、保育所などでの集団生活に適応できるよう支援する

障害者総合支援法は、基本的人権を持つ個人として障害者を尊重し、障害者自身がどこで、誰と生活するのかを自分で選び、そのための支援を受けられる環境を作ることを目的としています。また、障害者が快適に暮らせるよう、制度や人々の意識を改善することも記されています。

市町村

介護給付
- 居宅介護
- 重度訪問介護
- 同行援護
- 行動援護
- 療養介護
- 生活介護
- 短期入所
- 重度障害者等包括支援
- 施設入所支援

自立支援医療
- 更生医療
- 育成医療
- 精神通院医療　など

補装具

自立支援給付

地域相談支援給付
- 地域移行支援
- 地域定着支援

計画相談支援給付
- サービス利用支援
- 継続サービス利用支援

訓練等給付
- 自立訓練（機能訓練・生活訓練）
- 就労移行支援
- 就労継続支援（A 型・B 型）
- 就労定着支援
- 自立生活援助
- 共同生活援助

※精神通院医療の実施主体は都道府県

障害児通所支援

市町村

放課後等デイサービス	医療型児童発達支援／児童発達支援	児童発達支援事業
学校に通っている障害児に対し、放課後や夏休みなどに生活能力向上のための訓練等を行う	障害児発達支援センター／医療型児童発達支援センター 通所支援の他、地域で生活する障害児や家族への支援、地域の障害児を預かる施設への支援を実施	未就学の障害児が通い、支援を受けるための施設

障害者総合支援法におけるサービスの対象者は？（障害者の範囲）

障害者総合支援法の対象範囲は、身体障害者、知的障害者、精神障害者（発達障害を含む）に加え、難病の人も含まれています。

●身体・知的・精神の各障害に加え、発達障害や難病も対象に

障害者総合支援法の前身である**障害者自立支援法**では、**サービスの対象者を、身体障害者（障害児を含む）、知的障害者、精神障害者（発達障害者を含む）**としていました。

障害者総合支援法では、**発達障害者をサービスの対象として明確にする**と共に、治療方法が確立していない病気やその他の特殊な病気、いわゆる**難病によって障害の程度が厚生労働大臣が定める程度である18歳以上の人**も加えられました。具体的には、P44～46の表にある病気による障害のある人が、その対象になります。これにより、現在の障害者総合支援法では、**身体障害者手帳の有る無しにかかわらず、必要だと認められた障害福祉サービスを利用することができる**ようになりました。

一方で18歳未満の障害のある子どもへのサービスは、すべて児童福祉法に位置付けられ、その対象は児童福祉法第4条第2項に規定されています。

障害者総合支援法第4条

この法律において「障害者」とは、身体障害者福祉法第4条に規定する身体障害者、知的障害者福祉法にいう知的障害者のうち18歳以上である者及び精神保健及び精神障害者福祉に関する法律第5条第1項に規定する精神障害者（発達障害者支援法（平成16年法律第167号）第2条第2項に規定する発達障害者を含み、知的障害者福祉法にいう知的障害者を除く。以下「精神障害者」という。）のうち18歳以上である者並びに治療方法が確立していない疾病その他の特殊の疾病であって政令で定めるものによる障害の程度が主務大臣が定める程度である者であって18歳以上である者をいう。

障害者とは

	0歳～	18歳以上
身体障害者	身体に障害がある18歳未満の児童	身体に障害がある18歳以上の人で身体障害者手帳の交付を受けている人
知的障害者	知的機能の障害が見られる18歳未満の児童	知的機能の障害が見られる18歳以上の人
精神障害者	統合失調症、てんかん、高次脳機能障害などの精神疾患がある18歳未満の児童	統合失調症、てんかん、高次脳機能障害、薬物やアルコールによる急性中毒やその依存症などの精神疾患がある18歳以上の人
発達障害者	自閉症、アスペルガー症候群などの広汎性発達障害、学習障害、注意欠陥多動性障害などによる脳機能の障害がある18歳未満の児童	自閉症、アスペルガー症候群などの広汎性発達障害、学習障害、注意欠陥多動性障害などによる脳機能の障害があり、日常生活や社会生活に制限のある18歳以上の人
難病患者	原因不明、治療方針未確定で、かつ後遺症を残す可能性がある病気の18歳未満の児童	原因不明、治療方針未確定で、かつ後遺症を残す可能性がある病気の18歳以上の人

障害児

障害者

コラム

発達障害の新しい定義 ※DSM-5：米国精神医学会発行「精神障害の診断と統計マニュアル」の最新版のこと

DSM-5では、広汎性発達障害は「自閉スペクトラム症（ASD）」、学習障害は「限局性学習症（SLD）」、注意欠陥多動性障害は「注意欠如·多動症（ADHD）」と、新しい定義と診断基準の変更が加えられました。

障害者総合支援法のサービス対象となる難病

障害者総合支援法の対象となる難病等については、2015（平成27）年7月から332疾病に拡大されましたが、さらに2017（平成29）年4月から26疾患が追加され、合計で366疾患に拡大されました。

「障害者総合支援法」の対象となる疾病

番号	疾病名
1	アイカルディ症候群
2	アイザックス症候群
3	IgA腎症
4	IgG4関連疾患
5	亜急性硬化性全脳炎
6	アジソン病
7	アッシャー症候群
8	アトピー性脊髄炎
9	アペール症候群
10	アミロイドーシス
11	アラジール症候群
12	アルポート症候群
13	アレキサンダー病
14	アンジェルマン症候群
15	アントレー・ビクスラー症候群
16	イソ吉草酸血症
17	一次性ネフローゼ症候群
18	一次性膜性増殖性糸球体腎炎
19	1p 36 欠失症候群
20	遺伝性自己炎症疾患
21	遺伝性ジストニア
22	遺伝性周期性四肢麻痺
23	遺伝性膵炎
24	遺伝性鉄芽球性貧血
25	ウィーバー症候群
26	ウィリアムズ症候群
27	ウィルソン病
28	ウエスト症候群
29	ウェルナー症候群
30	ウォルフラム症候群
31	ウルリッヒ病
32	HTLV −1関連脊髄症
33	ATR−X症候群
34	ADH分泌異常症
35	エーラス・ダンロス症候群
36	エプスタイン症候群
37	エプスタイン病
38	エマヌエル症候群
39	遠位型ミオパチー
40	円錐角膜
41	黄色靭帯骨化症
42	黄斑ジストロフィー
43	大田原症候群
44	オクシピタル・ホーン症候群
45	オスラー病
46	カーニー複合
47	海馬硬化を伴う内側側頭葉てんかん
48	潰瘍性大腸炎
49	下垂体前葉機能低下症
50	家族性地中海熱
51	家族性低βリポタンパク血症1（ホモ接合体）
52	家族性良性慢性天疱瘡
53	カナバン病
54	化膿性無菌性関節炎・壊疽性膿皮症・アクネ症候群
55	歌舞伎症候群
56	ガラクトース-1-リン酸ウリジルトランスフェラーゼ欠損症
57	カルニチン回路異常症
58	加齢黄斑変性
59	肝型糖原病
60	間質性膀胱炎（ハンナ型）
61	環状20番染色体症候群
62	関節リウマチ
63	完全大血管転位症
64	眼皮膚白皮症
65	偽性副甲状腺機能低下症
66	ギャロウェイ・モワト症候群
67	急性壊死性脳症
68	急性網膜壊死
69	球脊髄性筋萎縮症
70	急速進行性糸球体腎炎
71	強直性脊椎炎
72	巨細胞性動脈炎
73	巨大静脈奇形（頸部口腔咽頭びまん性病変）
74	巨大動静脈奇形（頸部顔面又は四肢病変）
75	巨大膀胱短小結腸腸管蠕動不全症
76	巨大リンパ管奇形（頸部顔面病変）
77	筋萎縮性側索硬化症
78	筋型糖原病
79	筋ジストロフィー
80	クッシング病
81	クリオピリン関連周期熱症候群
82	クリッペル・トレノネー・ウェーバー症候群
83	クルーゾン症候群
84	グルコーストランスポーター1欠損症
85	グルタル酸血症1型
86	グルタル酸血症2型
87	クロウ・深瀬症候群
88	クローン病
89	クロンカイト・カナダ症候群
90	痙攣重積型（二相性）急性脳症
91	結節性硬化症
92	結節性多発動脈炎
93	血栓性血小板減少性紫斑病
94	限局性皮質異形成
95	原発性局所多汗症
96	原発性硬化性胆管炎
97	原発性高脂血症
98	原発性側索硬化症
99	原発性胆汁性胆管炎
100	原発性免疫不全症候群
101	顕微鏡的大腸炎
102	顕微鏡的多発血管炎
103	高IgD症候群
104	好酸球性消化管疾患
105	好酸球性多発血管炎性肉芽腫症
106	好酸球性副鼻腔炎
107	抗糸球体基底膜腎炎
108	後縦靭帯骨化症
109	甲状腺ホルモン不応症
110	拘束型心筋症
111	高チロシン血症1型
112	高チロシン血症2型
113	高チロシン血症3型
114	後天性赤芽球癆
115	広範脊柱管狭窄症
116	膠様滴状角膜ジストロフィー
117	抗リン脂質抗体症候群
118	コケイン症候群
119	コステロ症候群
120	骨形成不全症
121	骨髄異形成症候群
122	骨髄線維症

番号	疾病名
123	ゴナドトロピン分泌亢進症
124	5p 欠失症候群
125	コフィン・シリス症候群
126	コフィン・ローリー症候群
127	混合性結合組織病
128	鰓耳腎症候群
129	再生不良性貧血
130	サイトメガロウィルス角膜内皮炎
131	再発性多発軟骨炎
132	左心低形成症候群
133	サルコイドーシス
134	三尖弁閉鎖症
135	三頭酵素欠損症
136	CFC 症候群
137	シェーグレン症候群
138	色素性乾皮症
139	自己貪食空胞性ミオパチー
140	自己免疫性肝炎
141	自己免疫性後天性凝固因子欠乏症
142	自己免疫性溶血性貧血
143	四肢形成不全
144	シトステロール血症
145	シトリン欠損症
146	紫斑病性腎炎
147	脂肪萎縮症
148	若年性特発性関節炎
149	若年性肺気腫
150	シャルコー・マリー・トゥース病
151	重症筋無力症
152	修正大血管転位症
153	ジュベール症候群関連疾患
154	シュワルツ・ヤンペル症候群
155	徐波睡眠期持続性棘徐波を示すてんかん性脳症
156	神経細胞移動異常症
157	神経軸索スフェロイド形成を伴う遺伝性びまん性白質脳症
158	神経線維腫症
159	神経フェリチン症
160	神経有棘赤血球症
161	進行性核上性麻痺
162	進行性家族性肝内胆汁うっ滞症
163	進行性骨化性線維異形成症
164	進行性多巣性白質脳症
165	進行性白質脳症
166	進行性ミオクローヌスてんかん
167	心室中隔欠損を伴う肺動脈閉鎖症
168	心室中隔欠損を伴わない肺動脈閉鎖症
169	スタージ・ウェーバー症候群
170	スティーヴンス・ジョンソン症候群
171	スミス・マギニス症候群
172	スモン
173	脆弱 X 症候群
174	脆弱X症候群関連疾患
175	成人スチル病
176	成長ホルモン分泌亢進症
177	脊髄空洞症
178	脊髄小脳変性症(多系統萎縮症を除く)
179	脊髄髄膜瘤
180	脊髄性筋萎縮症
181	セピアプテリン還元酵素(SR)欠損症
182	前眼部形成異常 222
183	全身性エリテマトーデス
184	全身性強皮症
185	先天異常症候群
186	先天性横隔膜ヘルニア
187	先天性核上性球麻痺
188	先天性気管狭窄症／先天性声門下狭窄症
189	先天性魚鱗癬
190	先天性筋無力症候群
191	先天性グリコシルホスファチジルイノシトール(GPI)欠損症
192	先天性三尖弁狭窄症
193	先天性腎性尿崩症
194	先天性赤血球形成異常性貧血
195	先天性僧帽弁狭窄症
196	先天性大脳白質形成不全症
197	先天性肺静脈狭窄症
198	先天性風疹症候群
199	先天性副腎低形成症
200	先天性副腎皮質酵素欠損症
201	先天性ミオパチー
202	先天性無痛無汗症
203	先天性葉酸吸収不全
204	前頭側頭葉変性症
205	早期ミオクロニー脳症
206	総動脈幹遺残症
207	総排泄腔遺残
208	総排泄腔外反症
209	ソトス症候群
210	ダイアモンド・ブラックファン貧血
211	第 14 番染色体父親性ダイソミー症候群
212	大脳皮質基底核変性症
213	大理石骨病
214	ダウン症候群
215	高安動脈炎
216	多系統萎縮症
217	タナトフォリック骨異形成症
218	多発血管炎性肉芽腫症
219	多発性硬化症／視神経脊髄炎
220	多発性軟骨性外骨腫症
221	多発性嚢胞腎
222	多脾症候群
223	タンジール病
224	単心室症
225	弾性線維性仮性黄色腫
226	短腸症候群
227	胆道閉鎖症
228	遅発性内リンパ水腫
229	チャージ症候群
230	中隔視神経形成異常症／ドモルシア症候群
231	中毒性表皮壊死症
232	腸管神経節細胞僅少症
233	TSH 分泌亢進症
234	TNF 受容体関連周期性症候群
235	低ホスファターゼ症
236	天疱瘡
237	禿頭と変形性脊椎症を伴う常染色体劣性白質脳症
238	特発性拡張型心筋症
239	特発性間質性肺炎
240	特発性基底核石灰化症
241	特発性血小板減少性紫斑病
242	特発性血栓症(遺伝性血栓性素因によるものに限る)
243	特発性後天性全身性無汗症
244	特発性大腿骨頭壊死症
245	特発性多中心性キャッスルマン病
246	特発性門脈圧亢進症
247	特発性両側性感音難聴
248	突発性難聴
249	ドラベ症候群
250	中條・西村症候群
251	那須・ハコラ病
252	軟骨無形成症
253	難治頻回部分発作重積型急性脳炎
254	22q11.2 欠失症候群
255	乳幼児肝巨大血管腫
256	尿素サイクル異常症
257	ヌーナン症候群
258	ネイルパテラ症候群(爪膝蓋骨症候群)/LMX1B 関連腎症
259	ネフロン癆
260	脳クレアチン欠乏症候群
261	脳腱黄色腫症
262	脳表ヘモジデリン沈着症
263	膿疱性乾癬
264	嚢胞性線維症
265	パーキンソン病
266	バージャー病
267	肺静脈閉塞症／肺毛細血管腫症
268	肺動脈性肺高血圧症
269	肺胞蛋白症(自己免疫性又は先天性)
270	肺胞低換気症候群
271	ハッチンソン・ギルフォード症候群
272	バッド・キアリ症候群
273	ハンチントン病
274	汎発性特発性骨増殖症
275	PCDH 19 関連症候群

番号	疾病名
276	非ケトーシス型高グリシン血症
277	肥厚性皮膚骨膜症
278	非ジストロフィー性ミオトニー症候群
279	皮質下梗塞と白質脳症を伴う常染色体優性脳動脈症
280	肥大型心筋症
281	左肺動脈右肺動脈起始症
282	ビタミンD依存性くる病/骨軟化症
283	ビタミンD抵抗性くる病/骨軟化症
284	ビッカースタッフ脳幹脳炎
285	非典型溶血性尿毒症症候群
286	非特異性多発性小腸潰瘍症
287	皮膚筋炎/多発性筋炎
288	びまん性汎細気管支炎
289	肥満低換気症候群
290	表皮水疱症
291	ヒルシュスプルング病（全結腸型又は小腸型）
292	VATER症候群
293	ファイファー症候群
294	ファロー四徴症
295	ファンコニ貧血
296	封入体筋炎
297	フェニルケトン尿症
298	フォンタン術後症候群
299	複合カルボキシラーゼ欠損症
300	副甲状腺機能低下症
301	副腎白質ジストロフィー
302	副腎皮質刺激ホルモン不応症
303	ブラウ症候群
304	プラダー・ウィリ症候群
305	プリオン病
306	プロピオン酸血症

番号	疾病名
307	PRL分泌亢進症（高プロラクチン血症）
308	閉塞性細気管支炎
309	β-ケトチオラーゼ欠損症
310	ベーチェット病
311	ベスレムミオパチー
312	ヘパリン起因性血小板減少症
313	ヘモクロマトーシス
314	ペリー症候群
315	ペルーシド角膜辺縁変性症
316	ペルオキシソーム病（副腎白質ジストロフィーを除く）
317	片側巨脳症
318	片側痙攣・片麻痺・てんかん症候群
319	芳香族L－アミノ酸脱炭酸酵素欠損症
320	発作性夜間ヘモグロビン尿症
321	ホモシスチン尿症
322	ポルフィリン症
323	マリネスコ・シェーグレン症候群
324	マルファン症候群
325	慢性炎症性脱髄性多発神経炎/多巣性運動ニューロパチー
326	慢性血栓塞栓性肺高血圧症
327	慢性再発性多発性骨髄炎
328	慢性膵炎
329	慢性特発性偽性腸閉塞症
330	ミオクロニー欠神てんかん
331	ミオクロニー脱力発作を伴うてんかん
332	ミトコンドリア病
333	無虹彩症
334	無脾症候群
335	無βリポタンパク血症
336	メープルシロップ尿症
337	メチルグルタコン酸尿症

番号	疾病名
338	メチルマロン酸血症
339	メビウス症候群
340	メンケス病
341	網膜色素変性症
342	もやもや病
343	モワット・ウイルソン症候群
344	薬剤性過敏症症候群
345	ヤング・シンプソン症候群
346	優性遺伝形式をとる遺伝性難聴
347	遊走性焦点発作を伴う乳児てんかん
348	4p欠失症候群
349	ライソゾーム病
350	ラスムッセン脳炎
351	ランゲルハンス細胞組織球症
352	ランドウ・クレフナー症候群
353	リジン尿性蛋白不耐症
354	両側性小耳症・外耳道閉鎖症
355	両大血管右室起始症
356	リンパ管腫症/ゴーハム病
357	リンパ脈管筋腫症
358	類天疱瘡（後天性表皮水疱症を含む）
359	ルビンシュタイン・テイビ症候群
360	レーベル遺伝性視神経症
361	レシチンコレステロールアシルトランスフェラーゼ欠損症
362	劣性遺伝形式をとる遺伝性難聴
363	レット症候群
364	レノックス・ガストー症候群
365	ロスムンド・トムソン症候群
366	肋骨異常を伴う先天性側弯症

対象外となった疾病について

① 2015（平成27）年1月以降に対象外になった疾病

疾病名
劇症肝炎
重症急性膵炎

② 2015（平成27）年7月以降に対象外になった疾病

疾病名
肝外門脈閉塞症
肝内結石症
偽性低アルドステロン症
ギラン・バレ症候群
グルココルチコイド抵抗症
原発性アルドステロン症
硬化性萎縮性苔癬
好酸球性筋膜炎

疾病名
視神経症
神経性過食症
神経性食欲不振症
先天性QT延長症候群
TSH受容体異常症
特発性血栓症
フィッシャー症候群
メニエール病

- これらの疾病については、障害者総合支援法の対象外となりましたが、対象外となる前日までにすでに障害福祉サービスなど※の支給決定などを受けたことがある人は引き続き利用可能です。

※障害福祉サービス・相談支援・補装具および地域生活支援事業（障害児の場合は、障害児通所支援と障害児入所支援も含む）

③令和元年7月1日以降に対象外になった疾病

疾病名
正常圧水頭症

難病とは？

コラム

「難病」は病気の名前ではない

難しい病気と書く難病ですが、医学的に明確に定義された病気の名前ではありません。一般的に治りにくい病気・治し方がわからない病気である**不治の病**のことです。そのため、難病かどうかは、**医療技術や社会事情によって変化**します。

かつては、有効な治療法がなく、多数の人が亡くなったという点で、赤痢やコレラ、結核などの感染症は不治の病でした。しかし現在は、これらの感染症は治療法が確立され、不治の病ではなくなりました。とはいえ、今でも治療法が確立しておらず、慢性化する疾病も存在し、難病は存在し続けています。

そんな中、1972（昭和 47）年に、厚生労働省が難病対策要綱で、難病を以下のように定義しています。

- 原因不明、治療方針未確定であり、かつ、後遺症を残す恐れが少なくない疾病
- 経過が慢性にわたり、単に経済的な問題のみならず介護などに著しく人手を要するために家族の負担が重く、また精神的にも負担の大きい疾病

指定難病とは？

2015（平成 27）年からは、難病法（難病の患者に対する医療等に関する法律）が施行されました。この法律では、指定難病を以下のように定義しています。

❶ 発病の機構が明らかでない
❷ 治療方法が確立していない
❸ 希少な疾患
❹ 長期の療養を必要とする
❺ 患者数が日本において一定の人数（人口の 0.1%程度、およそ 12 万人強）に達しない
❻ 客観的な診断基準（またはそれに準ずるもの）が成立している

さらに、この指定難病を医療費助成の対象とすると規定されました。2021（令和 3）年 11 月 1 日時点で、**指定難病として 338 疾患が指定**されています。

ただし、指定難病になったら、すべての人が医療費助成を受けられるわけではなく、各疾患ごとに**重症度分類**が定められており、基本的には重症度分類で中等症・重症と診断された人のみ医療費助成が受けられることになっています。

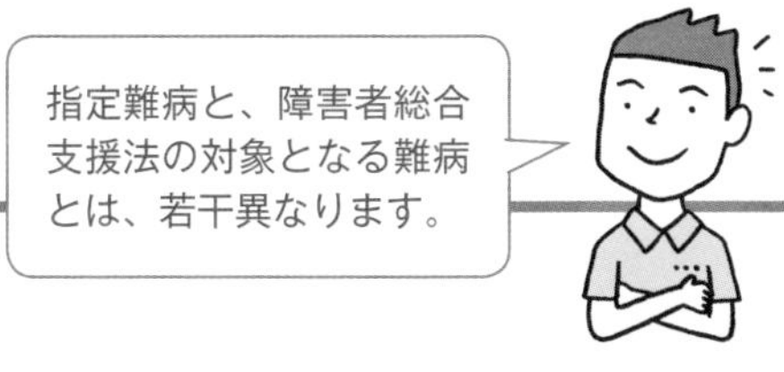
指定難病と、障害者総合支援法の対象となる難病とは、若干異なります。

サービスを提供するのはどんな人？（相談支援事業者とサービス提供事業者）

サービスを提供する事業者は、総合的なサービス提供計画を作る事業者と、各々のサービスを直接提供する事業者に分けられます。

●総合的なサービス計画を作る事業者と、サービスを提供する事業者

障害者総合支援法に基づいて、各種のサービスを提供する人たちには、**指定特定相談支援事業者**と**指定障害福祉サービス事業者**の２つがあります。実際のサービス提供では、指定特定相談支援事業者が、障害者が利用する総合的なサービスの利用計画を作り、それに基づいてそれぞれの指定障害福祉サービス事業者が、個別のサービス提供計画を作り実施します。

●指定特定相談支援事業者とは？

障害者総合支援法による各種サービスを受けるためには、市町村によるサービスの支給決定の前に、**サービス等利用計画案**を作り、支給決定後には**サービス等利用計画**を作る必要があります（P70 〜）。また支給が決定されたサービス等の利用状況を**検証（モニタリング）**し、変更の必要がある場合は、**サービス等利用計画の変更**を行う必要があります。

これらのプラン作りは障害者本人が行うこともできますが、多くの場合、専門知識を持った事業者に作成を依頼するのが一般的です。こうした計画作り（サービス利用支援）や、サービスを変更して継続するための**計画作りなど（継続サービス利用支援）について、計画相談支援給付に基づいて行う事業者が、指定特定相談支援事業者**です。指定特定相談支援事業者の指定は、市町村長が行います。

●指定障害福祉サービス事業者とは？

障害者総合支援法による**障害福祉サービスを実際に提供する事業者が、指定障害福祉サービス事業者**です。これらの事業者は、都道府県知事が指定を行います。

指定特定相談支援事業者と指定障害福祉サービス事業者の関係

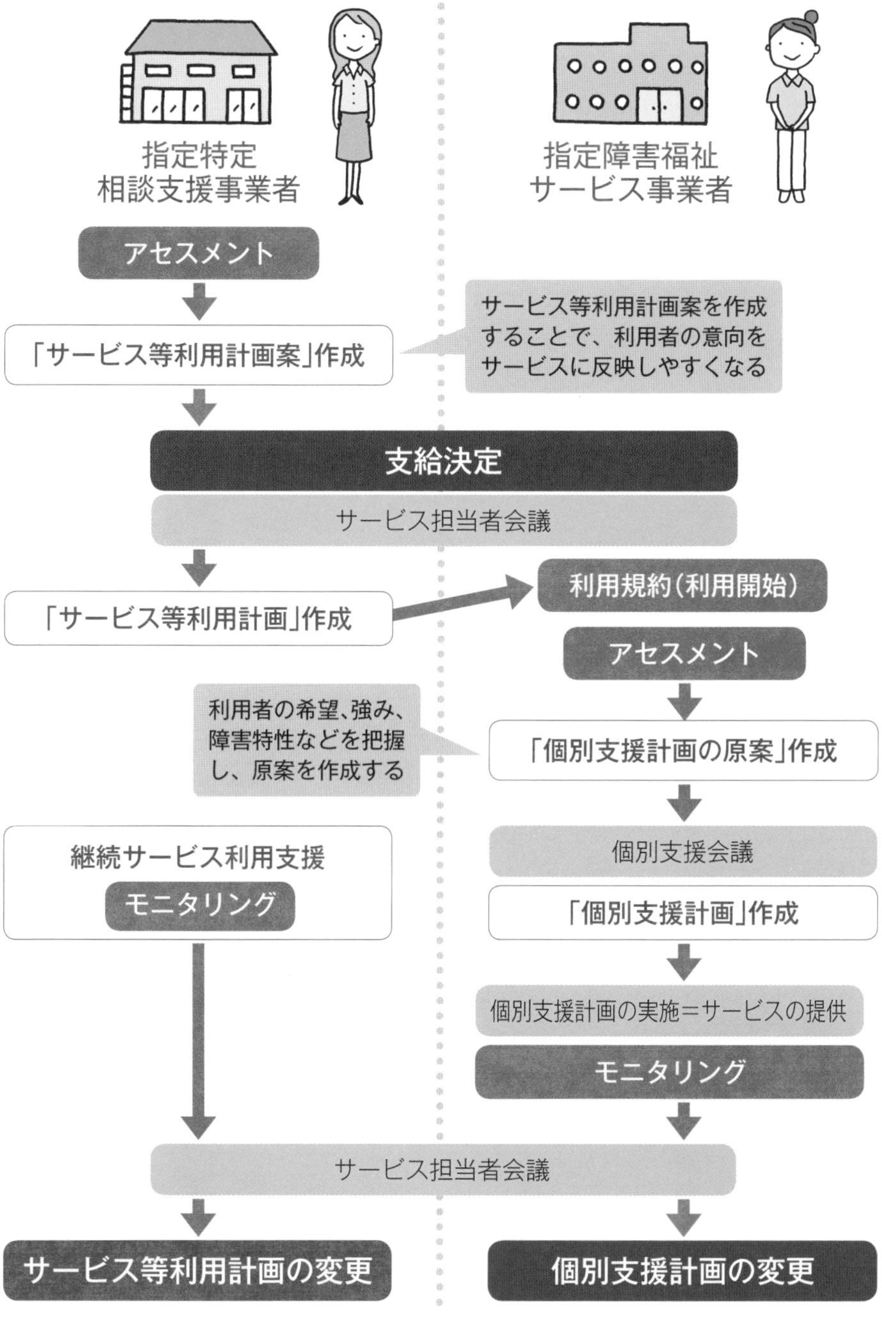

●サービス事業者ごとに配置されるサービス管理責任者

障害者総合支援法では、障害のある人が利用できるサービスの質の向上を図ろうと、サービスを提供する事業者ごとに**サービス管理責任者の配置を義務付け**ています。

サービス管理責任者の役割

❶個々のサービス利用者のアセスメントや個別支援計画の作成、定期的な評価などの一連のサービス提供プロセス全般に関する責任

❷他のサービス提供職員に対する指導的役割

サービス管理責任者の要件

❶実務経験

障害者の保健・医療・福祉・就労・教育の分野における直接支援・相談支援などの業務における実務経験（5～10年）

❷研修修了

- 相談支援従事者初任研修（講義11.5時間）
- サービス管理責任者研修（講義および演習19時間）、サービス分野ごとの研修も実施

❸サービス管理責任者の配置基準

1）療養介護、生活介護、自立訓練、就労移行支援、就労継続支援／利用者60人に1人のサービス管理責任者

2）グループホーム／利用者30人に1人のサービス管理責任者

●サービス管理責任者の具体的な業務

サービス管理責任者の具体的な業務は、**「障害者の日常生活及び社会生活を総合的に支援するための法律に基づく指定障害福祉サービスの事業等の人員、設備及び運営に関する基準」**（運営基準）で、次のように示されています。

❶個別支援計画の作成、❷利用者に対するアセスメント、❸利用者との面接、❹個別支援計画作成に係る会議の運営、❺利用者・家族に対する個別支援計画の説明と交付、❻個別支援計画の実施状況の把握（モニタリング）、❼定期的なモニタリングの記録、❽個別支援計画の変更および修正、❾支援内容に関連する関係機関との連絡調整、❿サービス提供職員に対する技術的な指導と助言、⓫自立した生活が可能と認められる利用者への必要な援助

サービス管理責任者の役割と主な業務

主な業務

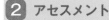

1. 面談を行い、状態を把握する
2. アセスメント
   - 初期状態の把握
   - ニーズの把握
   - 問題・課題の整理
3. 個別支援計画の作成
   - 支援目標の設定
   - 個別支援計画の作成
4. 個別支援計画の実施
5. モニタリング
   - 個別支援計画の実施状況の評価
   - 個別支援計画の見直し
6. 終期評価

サービス管理責任者が全体を把握する

初期状況の把握

初期の面談時の状況を把握する

- サービスの内容や事業についての情報を提供
- サービスの流れについて説明し、理解してもらう
- 関係機関との調整
- サービスを受ける際に必要な費用の説明
- 障害者の問題や課題を把握する

アセスメント

- 障害者の身体的、精神的状況を把握する
- 障害者のニーズを把握する

→ 利用者のニーズ →

支援目標の設定

- サービス等利用計画の「解決すべき課題」を参考に、支援目標を設定する
- サービス等利用計画の「本人や家族の意向」「モニタリング期間」を参考に、支援目標を設定する

↓

目標達成のためのプログラムを作成

↓

モニタリング

（プログラムの達成状況の確認・プログラムの見直しなど）

サービス管理責任者とは、利用者にサービスを提供するにあたり、適切なサービスが提供されるよう、個別支援計画の作成やサービスが提供されるプロセスの管理などを担当する、障害福祉サービスの中心的な存在です。

障害福祉サービスの2つの柱
(自立支援給付と地域生活支援事業)

障害者総合支援法による障害者を対象としたサービスは、自立支援給付と地域生活支援事業の２つで構成されています。

● 介護給付や訓練等給付を中心とした市町村による自立支援給付

自立支援給付は、利用者である障害者に個別に提供されるサービスです。具体的には、以下のようなものがあります（詳しくはP96～）。

- 介護給付（特例を含む）
- 訓練等給付（特例を含む）
- 自立支援医療費
- 補装具費
- 高額障害者福祉サービス等給付費
- 特定障害者特別給付費（特例を含む）
- 療養介護医療費（基準該当療養介護医療費を含む）

● 市町村と都道府県、それぞれが行う地域生活支援事業

地域生活支援事業は、市町村が行うものと、都道府県が行うものの２つがあります。市町村が行う地域生活支援事業は、市町村の創意工夫によって、利用者の状況に応じ、柔軟なサービスを提供するものです。必須事業として、相談支援や日常生活用具の給付または貸与、コミュニケーション支援、移動支援、地域活動支援センターなどがあります（詳しくはP140～）。

一方で都道府県が行う地域生活支援事業は、❶専門性の高い相談支援事業、❷専門性の高い意思疎通支援を行う人を養成する事業、❸専門性の高い意思疎通支援を行う人を派遣する事業、❹意思疎通支援を行う人の派遣にかかわる市町村相互の連絡調整事業、❺広域的な支援事業、以上の５つが必須とされます。その他にも、サービス・相談支援者、指導者育成事業、日常生活支援や社会参加支援に関する任意事業なども都道府県が行います。

自立支援給付と地域生活支援事業

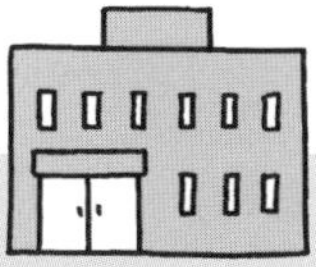

市町村

自立支援給付

- 介護給付
  - 居宅介護
  - 重度訪問介護
  - 同行援護
  - 行動援護　など
- 訓練等給付
  - 自立訓練
  - 就労移行支援
  - 就労継続支援　など
- 自立支援医療
  - 更生医療
  - 育成医療　など
- 補装具
- その他

地域生活支援事業

- 相談支援事業
- 意思疎通支援事業
- 成年後見制度利用支援事業
- 移動支援事業
- 日常生活用具の給付または貸与事業
- 地域活動支援センターの機能強化事業

など

↑ 支援

- 専門性の高い相談支援
- 広域的な対応が必要な事業
- 人材育成
- 専門性の高い意思疎通支援を行う人の育成・派遣
- 意思疎通支援を行う人の広域的な連絡調整、派遣調整　など

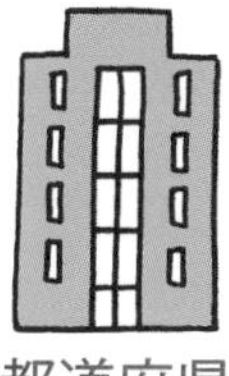

都道府県

ノーマライゼーションとICF

コラム

誰もが等しく生きることのできる社会を

障害者総合支援法の改正が意図する、障害のある人が住み慣れた地域での生活を営むことを支えるという考え方の根底には、**ノーマライゼーション：normalization** という理念があります。

ノーマライゼーションとは、**障害者や高齢者も、健常者や若者と等しく生きることのできる社会や福祉環境を整備し、実現しようという考え方**です。北欧で提唱され始めたもので、1959 年にデンマークで制定された知的障害者法に盛り込まれたことから、各国にノーマライゼーションという考え方が広がっていきました。

ノーマライゼーションにおいては、それまで行われてきた社会的な弱者を社会から保護・隔離する傾向を反省して、障害者の日常生活の在り方や条件を、通常の社会環境や生活様式に可能なかぎり近づけることを目指します。加えて、障害者が自己を確立し、社会的価値のある役割を作り出して、それを維持できるように援助していくことも重要とされます。

日本では 1981（昭和 56）年の国際障害者年をきっかけに知られるようになり、現在は我が国においても福祉の基本理念となっています。

生活機能と障害に関する分類

ノーマライゼーションとならんで、現在の障害者支援に大きな影響を与えているのが **ICF** です。International Classification of Functioning, Disability and Health の略で、日本語では**国際生活機能分類**と訳されています。

これは、人間の生活機能と障害に関する状況を記述することを目的とした分類で、**健康状態、心身機能、身体構造、活動と参加、環境因子、個人因子から構成**されます。心身機能、身体構造、活動と参加、環境因子には合計 1424 の分類項目が示され、一方で健康状態、個人因子には提示された項目はありません。

ICF は、2001 年に WHO（世界保健機関）で採択され、日本では「障害者基本計画」の中に、「障害の特性を踏まえた施策の展開」として、WHO で採択された ICF については、「障害の理解や適切な施策推進の観点からその活用方策を検討する」と記載されています。

ノーマライゼーションの考えを取り入れたものとして、ユニバーサルデザインの製品やバリアフリーなどがあります。

Part 3

障害福祉サービスを利用するには

障害者総合支援法によって利用できるサービスについて、実際に利用するためにはどのような手続きが必要になるでしょう？サービス利用のための目安となる「障害支援区分」をはじめ、窓口となる市町村への申請から利用者負担、各種の軽減措置まで、サービスを利用する前に知っておきたいことをまとめました。

利用者が必要とする支援の度合い
(障害支援区分)

障害福祉サービスは、障害支援区分によって利用できるサービスが定められており、特に介護給付を使うには事前の認定が必要です。

●障害支援区分によって、利用できるサービスが異なる

障害支援区分とは、障害者等の障害の多様な特性その他の心身の状態に応じて必要とされる標準的な支援の度合いを総合的に示すもので、障害者総合支援法の第4条第4項に規定されています。

障害支援区分は、非該当から区分6の7段階に分かれ、必要とされる支援の度合いが高いほど、数字が大きくなります。また、この区分に示された、必要とされる支援の度合いに応じて、適切なサービスが利用できるようになっています。このため、本人が該当する区分によって利用できるサービスとできないサービスがあることに注意をしてください。

●障害支援区分認定のための調査結果は、訓練等給付にもいかされる

障害支援区分は、コンピュータによる一次判定、市町村審査会による二次判定を経て行われます。その上で、以下の点の判断について活用されます。

障害福祉サービスの介護給付

❶居宅介護等の国庫負担基準額

❷療養介護、生活介護、重度障害者等包括支援等の給付要件

❸報酬単価

障害福祉サービスの訓練等給付

訓練等給付の場合は、障害支援区分の認定は必用とされませんが、認定調査の結果を支給後のサービス利用の優先度の判断などに活用します。

市町村は、障害支援区分の認定を申請した人に、その結果として、障害支援区分と認定の有効期間について、理由を添えて通知します。

障害支援区分の定義

- 非該当
- 区分 1
- 区分 2
- 区分 3
- 区分 4
- 区分 5
- 区分 6

低い ↕ 高い

必用とされる支援の度合い

障害支援区分によって、利用できるサービスとできないサービスがあり、量もサービスごとに基準があります。

障害支援区分の認定手続きの流れ

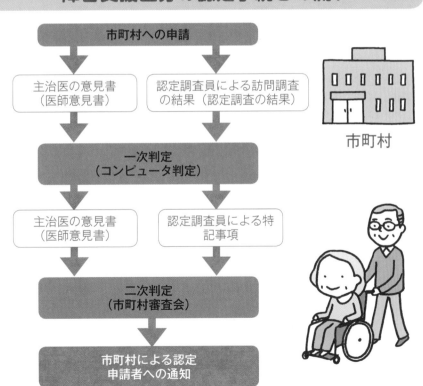

市町村への申請

↓

主治医の意見書（医師意見書）／認定調査員による訪問調査の結果（認定調査の結果）

↓

一次判定（コンピュータ判定）

↓

主治医の意見書（医師意見書）／認定調査員による特記事項

↓

二次判定（市町村審査会）

↓

市町村による認定 申請者への通知

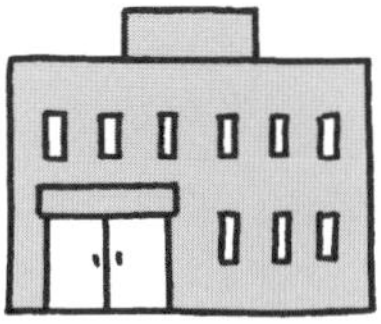

市町村

障害福祉サービスの利用手続き
(サービス利用までの全体の流れ)

障害福祉サービスは市町村の窓口で申請を行い、調査や認定を受けた上で支給決定となり、一定期間ごとにモニタリングも行われます。

●申請から支給決定、モニタリングまでの流れ

障害者総合支援法による障害福祉サービスを利用するには、まず障害者や障害児本人、あるいは保護者や代理人が、本人が住んでいる市町村の窓口に申請を行い、障害支援区分の認定を受けます。また市町村は、サービスの利用を申請した人(利用者)に、指定特定相談支援事業者が作成したサービス等利用計画案の提出を求めますので、これを事前に作成しておかなければなりません。

市町村は提出された計画案や検討すべき事項を踏まえて、利用者へのサービス提供を決定します。

これを受けて、指定特定相談支援事業者は、サービス担当者会議を開催します。ここでサービスを提供する事業者などとの連絡調整を行い、実際に利用するためのサービス等利用計画書を作成し、これに基づいてサービス利用が開始されます(P70 ~)。

サービスの開始後は、一定期間ごとにモニタリングを行い、必要に応じてサービス等利用計画の見直しを行います(P76 ~)。

●サービス利用に関する注意事項

障害児について、居宅サービスの利用にあたっては、指定特定相談支援事業者がサービス等利用計画案を作成し、通所サービスの利用については、児童福祉法に基づく指定障害児相談支援事業者が障害児支援利用計画案を作ります(P184 ~)。

障害児の入所サービスについては、児童相談所が専門的な判断を行うため、障害児支援利用計画を作成する必要はありません。

サービスを利用するまでの流れ

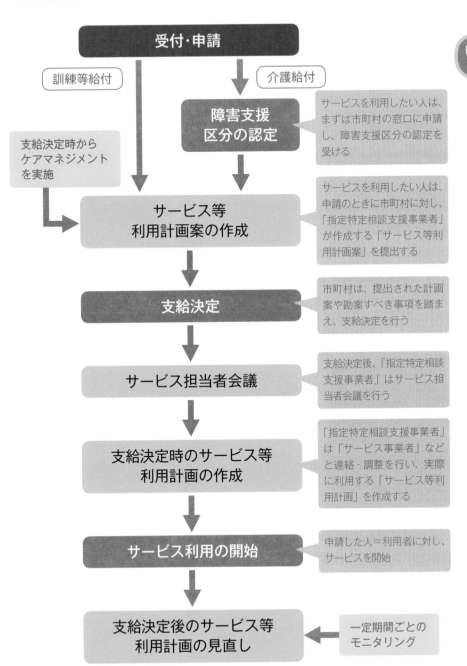

受付・申請

↓ 訓練等給付 → サービス等利用計画案の作成へ

↓ 介護給付

障害支援区分の認定

サービスを利用したい人は、まずは市町村の窓口に申請し、障害支援区分の認定を受ける

↓

支給決定時からケアマネジメントを実施 →

サービス等利用計画案の作成

サービスを利用したい人は、申請のときに市町村に対し、「指定特定相談支援事業者」が作成する「サービス等利用計画案」を提出する

↓

支給決定

市町村は、提出された計画案や勘案すべき事項を踏まえ、支給決定を行う

↓

サービス担当者会議

支給決定後、「指定特定相談支援事業者」はサービス担当者会議を行う

↓

支給決定時のサービス等利用計画の作成

「指定特定相談支援事業者」は「サービス事業者」などと連絡・調整を行い、実際に利用する「サービス等利用計画」を作成する

↓

サービス利用の開始

申請した人＝利用者に対し、サービスを開始

↓

支給決定後のサービス等利用計画の見直し

← 一定期間ごとのモニタリング

サービスを利用するには、まず市町村の窓口へ（市町村への申請）

サービスを使用する最初のステップが、市町村の窓口への申請です。わからないことがあれば、事前に問い合わせをするとよいでしょう。

●申請窓口の名称は市町村によって異なる

サービス利用のための申請は、**障害者や障害児など本人が住んでいる市町村の窓口**が受け付けます。担当する窓口の名称は市町村によって異なりますので、わかりにくい場合は、「障害者総合支援法の障害福祉サービスを利用したい」ということをはっきりと告げてください。多くの場合、窓口となるのは**障害保健福祉課や障害福祉課**となっているのが一般的です。なお、サービスを利用したい人が施設に入っている場合は、入所前に住んでいた市町村の窓口に申請をします。

窓口での申請では、定められた用紙に障害者や障害児の保護者が、氏名、住所、介護保険の申請状況、障害者基礎年金１級の受給の有無などについて記入して提出します。

●申請の前に、まずは問い合わせを

申請の手続きがわかりにくい場合は、まず事前に、市町村の**障害福祉担当部署**を直接訪ねたり、電話などで障害福祉サービスの利用の仕方について尋ねておくのもよいでしょう。

あるいは**地域の社会福祉協議会**も、障害者福祉に関する相談に応えていますので、そちらでまず相談してみるのもおすすめです。

地域によっては、サービスの申請窓口は市町村ですが、相談に関しては相談支援事業者に委託をしている場合もあります。こうしたケースでも、まず市町村の**障害者福祉担当窓口**に問い合わせれば、相談先を紹介してくれますので、あらかじめ電話などで問い合わせをしておけば、申請における二度手間を防ぐことができるでしょう。

市町村への申請手続きの流れ

障害者・障害者の家族

1 申請

以下の書類を提出する
- 氏名
- 住所
- 介護保険申請状況
- 障害者基礎年金1級の受給の有無　など

2 調査

- 障害者本人や家族との面接
- 障害支援区分認定調査項目（80項目）
- 医師の意見書

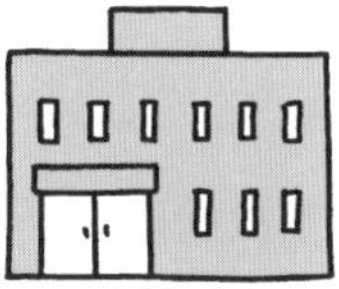

市町村

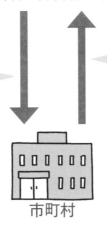

相談支援事業は市町村が実施主体ですが、委託された指定相談支援事業者が行うこともあります。

障害支援区分と利用できるサービス

介護給付の福祉サービスには、一定の障害支援区分やその他の要件が必要となるものがあります。　※■部分が利用できる障害支援区分です。

	非該当	区分1	区分2	区分3	区分4	区分5	区分6
居宅介護	×	○	○	○	○	○	○
同行援護	○	○	○	○	○	○	○
行動援護	×	×	×	○	○	○	○
重度訪問介護	×	×	×	×	○	○	○
重度障害者等包括支援	×	×	×	×	×	×	○
生活介護	×	×	※1	○	○	○	○
療養介護	×	×	×	×	×	※3	○
施設入所支援	×	×	×	※2	○	○	○
短期入所	×	○	○	○	○	○	○
共同生活援助（グループホーム）	○	○	○	○	○	○	○

※1…50歳以上は区分2から利用可　※2…50歳以上は区分3から利用可
※3…筋ジストロフィー患者、重症心身障害者は区分5から利用可

サービス利用の前に行われる各種調査（調査方法）

障害福祉サービスを利用するための調査は、全国共通の全80項目で構成された、障害支援区分の認定調査が中心となります。

●認定調査を構成する3つの要素

障害者総合支援法の障害福祉サービスを利用するにあたっては、利用者に対して調査が行われます。これには**概況調査**、障害支援区分の**認定調査**、そして**特記事項**の3つがあります。

調査は原則として、1人の利用者に対し、1人の認定調査員が1回、利用者本人や保護者などと認定調査員による面接によって行われます。

概況調査

本人や家族の基本情報をはじめ、現在受けているサービス、家族の介護状況、日中の活動や生活・住まいの状況について確認します。

概況調査の項目

❶調査実施者、❷調査対象者、❸認定を受けている各種の障害等級など、❹現在受けているサービスの状況、❺地域生活関連、❻就労関連、❼日中活動関連、❽介護者（支援者）関連、❾居住関連、❿その他

認定調査

障害福祉サービスを受ける際、サービスの種類や量の基準となる**障害支援区分**の認定のために行われるのが**障害支援区分の認定調査**です。調査は、**移動や動作等に関連する項目**や**意思疎通等関連する項目**、**行動障害に関連する項目**、**特別な医療に関連する項目**など、合計80項目に関して行われます。

特記事項

認定調査において、調査員が判断に迷うような場合、具体的な状況や調査員の判断の根拠などについて、特記事項として記載します。

障害支援区分の調査項目

1．移動や動作等に関連する項目［12 項目］

1－1　寝返り	1－2　起き上がり	1－3　座位保持	1－4　移乗
1－5　立ち上がり	1－6　両足での立位保持	1－7　片足での立位保持	1－8　歩行
1－9　移動	1-10　衣服の着脱	1-11　じょくそう	1-12　えん下

2．身の回りの世話や日常生活等に関連する項目［16 項目］

2－1　食事	2－2　口腔清潔	2－3　入浴	2－4　排尿
2－5　排便	2－6　健康・栄養管理	2－7　薬の管理	2－8　金銭の管理
2－9　電話等の利用	2-10　日常の意思決定	2-11　危険の認識	2-12　調理
2-13　掃除	2-14　洗濯	2-15　買い物	2-16　交通手段の利用

3．意思疎通等に関連する項目［6 項目］

3－1　視力	3－2　聴力	3－3　コミュニケーション	3－4　説明の理解
3－5　読み書き	3－6　感覚過敏・感覚鈍麻	―	―

4．行動障害に関連する項目［34 項目］

4－1　被害的・拒否的	4－2　作話	4－3　感情が不安定	4－4　昼夜逆転	4－5　暴言暴行
4－6　同じ話をする	4－7　大声・奇声を出す	4－8　支援の拒否	4－9　徘徊	4-10　落ち着きがない
4-11　外出して戻れない	4-12　1 人で出たがる	4-13　収集癖	4-14　物や衣類を壊す	4-15　不潔行為
4-16　異食行動	4-17　ひどい物忘れ	4-18　こだわり	4-19　多動・行動停止	4-20　不安定な行動
4-21　自らを傷つける行為	4-22　他人を傷つける行為	4-23　不適切な行為	4-24　突発的な行動	4-25　過食・反すう等
4-26　そううつ状態	4-27　反復的行動	4-28　対人面の不安緊張	4-29　意欲が乏しい	4-30　話がまとまらない
4-31　集中力が続かない	4-32　自己の過大評価	4-33　集団への不適応	4-34　多飲水・過飲水	―

5．特別な医療に関連する項目［12項目］

5－1　点滴の管理	5－2　中心静脈栄養	5－3　透析	5－4　ストーマの処置
5－5　酸素療法	5－6　レスピレーター	5－7　気管切開の処置	5－8　疼痛の看護
5－9　経管栄養	5-10　モニター測定	5-11　じょくそうの処置	5-12　カテーテル

障害支援区分に関しては、その認定が知的障害者や精神障害者の特性に応じて適切に行われるよう見直しが行われ、2014（平成 26）年 4 月から新たな調査項目による認定調査が実地されています。

介護給付と訓練等給付でプロセスが異なる（支給の決定方法）

介護給付を希望する場合は、障害支援区分の認定が必須ですが、訓練等給付の場合は、障害支援区分の認定の必要はありません。

●介護給付の支給決定では2回の判定がある

認定調査が行われた後、支給決定までに至るプロセスには、障害福祉サービスにおける自立支援給付のうち、介護給付を受けるのか、訓練等給付を受けるのかで、流れが異なります。

介護給付を希望する場合は、障害支援区分の認定を受ける必要があり、そのために2回の判定を受けなければなりません。

一次判定は、全国共通の判定用ソフトウェアを使ったコンピュータによって実施します。次の**二次判定**は、一次判定の結果のほか概況調査や特記事項に基づき、専門家によって構成された**市町村審査会**が判定し、障害支援区分を認定します。

また、介護給付の二次判定では、**医師意見書**が必要になります。医師意見書の作成は、本人や家族に確認をした上で、市町村が医師・医療機関へ直接記載を依頼します。

一方で、訓練等給付を希望する場合は、障害支援区分の認定を受ける必要がありません。

●指定特定相談支援事業者によるサービス等利用計画案も必要

介護給付を希望する人は障害支援区分認定の後、訓練等給付を希望する人は認定調査の後、いずれも市町村による勘案事項調査や利用者の意向の聞き取りを受け、これ以降は支給決定まで同じ流れとなります。

この段階で、指定特定相談支援事業者または本人が、**サービス等利用計画案**を作成し、市町村に提出します。市町村は、この計画案や、それぞれの利用者ごとに勘案すべき事項を踏まえて、支給を決定します。

申請から支給までのステップ

本人または家族が市町村へ申請

↓

障害支援区分の認定調査

- 介護給付を希望した場合
  - ↓
  - 一次判定（市町村）
    コンピュータが自動的に判断
  - ↓
  - 二次判定（審査会）
    専門知識を持った専門家が行う
    （かかりつけ医や医療機関が作成した医師意見書を提出（市町村が依頼する））
  - ↓
  - **障害支援区分の認定**
- 訓練等給付を希望した場合

↓

勘案事項調査（市町村）

↓

利用者の意向の聞き取り（市町村）

↓

サービス等利用計画案の提出
（本人から市町村へ）

↓

- **暫定支給の決定**
  一定期間、サービスを行い、適切かどうかを判断する
  - ↓
  - 個別支援計画

↓

支給決定（市町村）
サービスの内容が申請者に通知され、受給者証が交付される

（市町村によって異なるが、申請してから支給決定まで、およそ１～２カ月かかる）

障害支援区分の有効期限は原則３年です。ただし「認定した段階の状態がどのくらい継続するか」という観点から、以下の場合は認定の有効期限を３ヵ月～３年の間で短縮できます。

- 身体上・精神上の障害の程度が変動しやすい状態と考えられるとき
- 施設から自宅へ移るなど、環境が大きく変わるとき
- 審査会が特に必要と認めるとき

サービス等利用計画に基づいたサービスの開始（支給決定からサービス開始までの流れ）

支給が決定すると、サービス担当者会議を経てサービス等利用計画、個別支援計画が作られた上で、実際にサービスが提供されます。

●指定特定相談支援事業者が「サービス担当者会議」を開催

市町村により介護給付や訓練等給付など、障害福祉サービスの支給が決定されると、利用者には**受給者証**が届けられますので、必ず確認しておきましょう。また、受給者証にはサービスの利用に関する重要な情報が記載されていますので、大切に保管してください。

支給決定の後は、サービス等利用計画案を作った指定特定相談支援事業者が、実際に利用者にサービスを提供する指定障害福祉サービス事業者を集めて**サービス担当者会議**を開催します。ここで指定特定相談支援事業者は、それぞれのサービスを担当する指定障害福祉サービス事業者などとの連絡調整を行い、利用者本人や家族の意向に基づいて、**サービス等利用計画**（P70 ～）を作成します。

サービス等利用計画は、具体的には指定特定相談支援事業者の相談支援専門員が、総合的な観点から利用者にとって最も適切なサービスの組み合わせを考えて検討・作成します。

●障害福祉サービス事業者が個別支援計画を作る

サービス等利用計画が決定すると、それぞれの指定障害福祉サービス事業者は、利用者の置かれている環境、日常生活の状況、利用者の希望する生活、利用者の抱えている課題などを検討した上で**個別支援計画**を作ります。この個別支援計画に基づいて、各種の障害福祉サービスが実際に利用者に提供されます。

個別支援計画は、指定障害福祉サービス事業者のサービス管理責任者が、サービス等利用計画の方針を踏まえ、サービス内容を検討・作成します。

支給決定から実際にサービスが開始されるまでの流れ

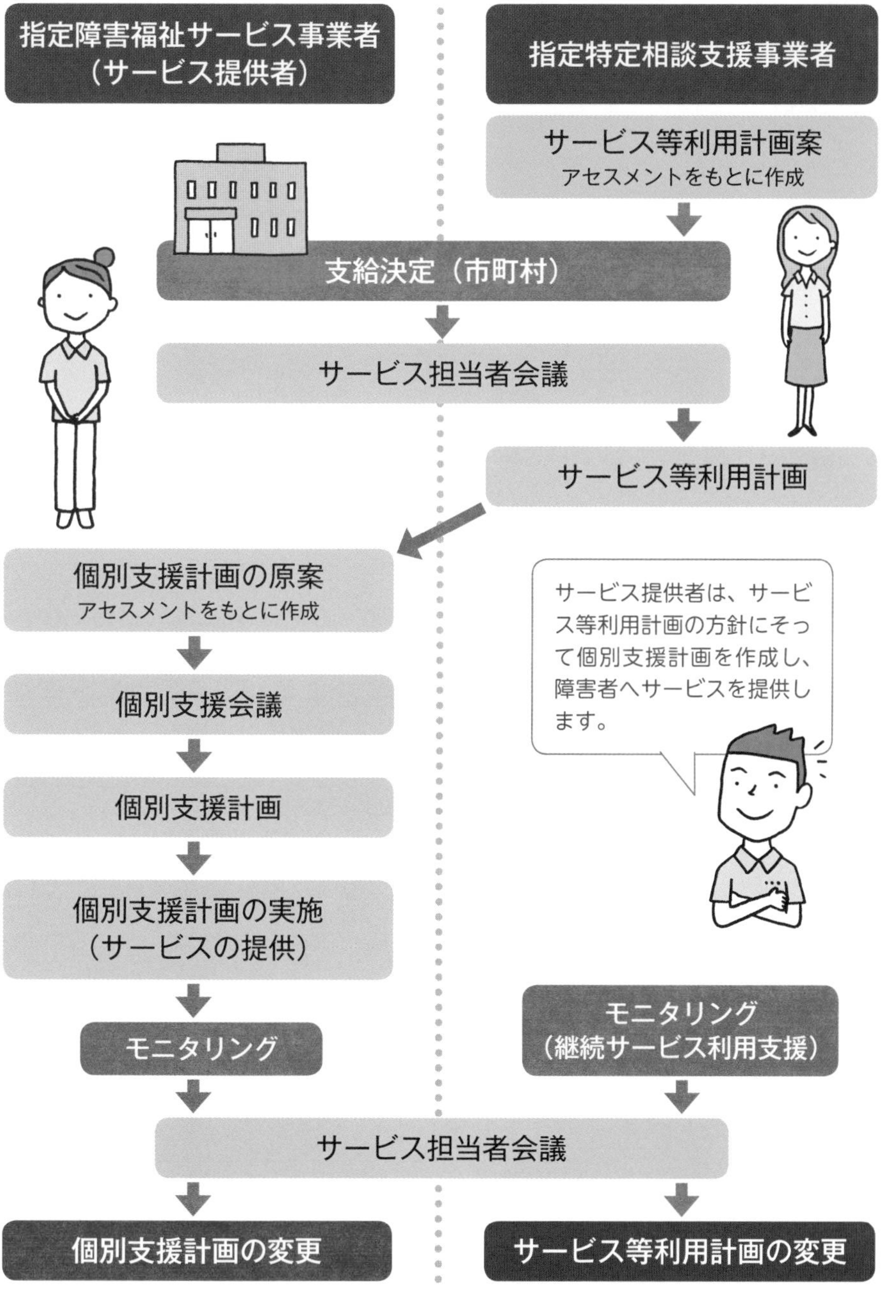

指定障害福祉サービス事業者
（サービス提供者）
指定特定相談支援事業者
サービス等利用計画案
アセスメントをもとに作成
支給決定（市町村）
サービス担当者会議
サービス等利用計画
個別支援計画の原案
アセスメントをもとに作成
個別支援会議
個別支援計画
個別支援計画の実施
（サービスの提供）
モニタリング
モニタリング
（継続サービス利用支援）
サービス担当者会議
個別支援計画の変更
サービス等利用計画の変更
サービス提供者は、サービス等利用計画の方針にそって個別支援計画を作成し、障害者へサービスを提供します。

都道府県に審査請求をして不服の解決を図る（決定に不服があるときは）

障害支援区分の認定や障害福祉サービスの支給決定の内容について不服がある場合は、都道府県に審査請求を行うことができます。

●認定や支給決定に不服な場合は、都道府県に申し出る

障害福祉サービスを利用するには、市町村によって障害支援区分の認定（訓練等給付には不要）を受け、さらに障害支援サービスの支給決定を受ける必要があります。

その場合、たとえばこれらの決定などについて、申請をした障害者や障害児の保護者に不服がある場合は、都道府県知事に対して審査請求を行い、問題の解決を図ることができます。

障害者総合支援法第 97 条

市町村の介護給付費等または地域相談支援給付費等に係る処分に不服がある障害者または障害児の保護者は、都道府県知事に対して審査請求をすることができる。

障害者や障害児の保護者の審査請求を受けた都道府県は、公正で適切な判断をするために、不服審査会を設置できると定められています。

障害者総合支援法第 98 条

都道府県知事は、条例で定めるところにより、前条第 1 項の審査請求の事件を取り扱わせるため、障害者介護給付費等不服審査会を置くことができる。

●審査請求の対象

都道府県への審査請求ができるのは、❶障害支援区分の認定、❷障害支援区分の変更認定、❸支給の要否の決定、❹支給の内容（サービスの種類、支給量、有効期間）、❺支給決定の変更の決定、❻その他、以上の６つについてと定められています。

審査請求の流れ

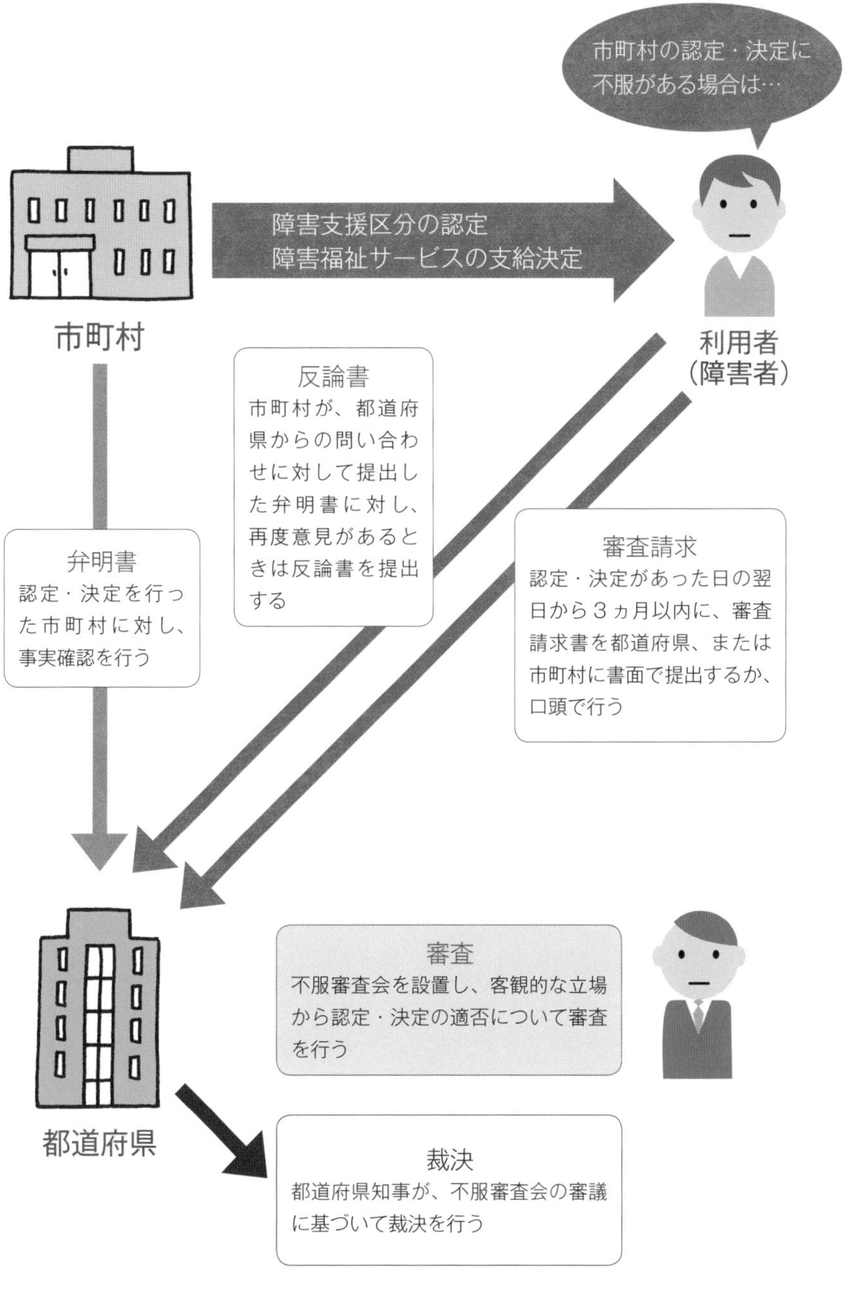
市町村の認定・決定に
不服がある場合は…
市町村
障害支援区分の認定
障害福祉サービスの支給決定
利用者
(障害者)
反論書
市町村が、都道府県からの問い合わせに対して提出した弁明書に対し、再度意見があるときは反論書を提出する
弁明書
認定・決定を行った市町村に対し、事実確認を行う
審査請求
認定・決定があった日の翌日から3ヵ月以内に、審査請求書を都道府県、または市町村に書面で提出するか、口頭で行う
都道府県
審査
不服審査会を設置し、客観的な立場から認定・決定の適否について審査を行う
裁決
都道府県知事が、不服審査会の審議に基づいて裁決を行う

計画書に基づいて提供されるサービス（サービス等利用計画書）

障害福祉サービスは、すべてサービス等利用計画書に基づいて提供され、個別支援計画もこれに連動して作成・提供されます。

● 相談支援員が中心となってサービス等利用計画を作る

市町村の審査によって障害福祉サービスの支給が決定すると、申請時に利用者の**サービス等利用計画案**を作った**指定特定相談支援事業者の相談支援員が中心**となり、サービス担当者会議を開いて、実際に利用者にサービスを提供するための**サービス等利用計画**を作ります。

サービス等利用計画を作るにあたっては、利用者本人の心身の状況や生活環境、現在受けているサービス、利用者や家族の意向、支援をする上での課題などについてアセスメントを行い、これに基づいて計画を作っていきます。計画書には、以下の項目を記載します。

サービス等利用計画書の記載事項

❶本人および家族の生活に対する意向、❷総合的な援助の方針、❸長期目標、❹短期目標、❺解決すべき課題、❻優先順位、❼達成時期、❽サービスの種類・内容・量、❾課題解決のための本人の役割、❿評価時期、⓫サービス提供の留意事項など

● サービス等利用計画と連動して作られる個別支援計画

サービス等利用計画ができあがると、それに基づいて、個別のサービス提供を行う**指定障害福祉サービス事業者**は、利用者が置かれている環境、日常生活の状況、利用者の希望する生活、課題その他についてアセスメントを行います。

その上でサービス事業者は、サービス等利用計画に示された**総合的な援助の方針**にそって、**個別支援計画**を作ります。実際のサービス提供は、この個別支援計画に則って行われます。

サービス等利用計画書と個別支援計画

指定特定相談
支援事業者

アセスメント
- 障害者の現状や置かれている環境
- 日常生活の状況
- 今、受けているサービス
- 障害者の意向
- 支援する際の課題
- その他

↓

サービス等利用計画
- どのような生活を望むのか
- 解決すべき課題
- 短期・長期の希望・目標
- 目標の達成時期
- サービスの内容・量
- 留意事項

障害者が希望する生活を実現するために必要なサービスについて、指定特定相談支援事業者が総合的に判断し、整理しながら作成します。

↓ **利用開始**

指定障害福祉
サービス事業者

アセスメント
- 障害者が置かれている環境
- 日常生活の状況
- 障害者の希望・目標
- 課題
- その他

↓

個別支援計画

サービス等利用計画に基づき、障害福祉サービス事業者がサービスを提供するにあたって、どのような目的でどのような支援をしていくのかを細かく具体的に示す

↓

モニタリング

サービス等利用計画

利用者氏名	山田太郎
障害福祉サービス受給者証番号	1234567890
地域相談支援受給者証番号	0
障害支援区分	区分２
利用者負担上限額	9300 円
計画作成日	2023 年 4 月 15 日
相談支援事業者名	○○相談支援センター
計画作成担当者	田中一郎
利用者及びその家族の生活に対する意向（希望する生活）	・左手を使い、以前のように働き、少しでも家族を養いたい ・趣味のガーデニングを楽しみたい

優先順位	解決すべき課題（本人のニーズ）	支援目標	達成時期	福祉サービスなど 種類・内容・量（頻度・時間）
1	右片麻痺があるが体力を維持しながら、働きたい	1 日のスケジュールを決め、体力の向上に努め、週３回就労移行支援事業所に通えるようになる	3 ヵ月	・就労移行支援事業所へ週３回、10 時から 16 時まで通う。パソコンによる入力作業を練習する ・事業所への送りの調整は大学のボランティアセンターが行う
2	無収入で経済的に家計がひっ迫している	・年金の手続きをする ・特別障害者手当の受給について検討する	3 ヵ月	・年金申請手続きについて、相談支援センターが家族にアドバイスをする ・特別障害者手当の可否について本人・家族と主治医の意見を聞く
3	好きなガーデニングを楽しみたい	昔の仲間と市内のガーデニングへ出かける	12 ヵ月	・第１・２・４の月曜日に友人の送迎で２時間程度、ガーデニングのサークルに出かける
4	運動不足から体重の増加があり、再発作を起こす恐れがある	高血圧・高脂血症があるので健康管理し、体重を５キロ減らす	3 ヵ月	・モニタリング時に実施状況と体重のチェック ・月１回の通院は市の送迎サービスを利用
5	安心してお風呂に入りたい	週に３回は入浴をする	1 ヵ月	・訪問介護（介護保険・身体介護）にて週３回（各１時間）入浴の介護 ・移動支援事業で週１回（２時間）外出の支援
6	もっとちゃんと話せるようになりたい	留守番ができるようになる	3 ヵ月	・介護保険サービスによる通所リハビリテーション ・月２回（市の送迎サービスを利用）

モニタリング期間（開始年月）		1ヵ月間（2023年4月～6月）
利用者同意署名欄		山田太郎
総合的な援助の方針		・体力をつけて、できる限り作業能力を向上させて、就労の道を探る ・生活リズムの安定をさせ健康にも配慮しながら、本人が好きなことをして充実した生活を送れるようにする
	長期目標	就労のための訓練をして、少しでも給料の高いところで働く
	短期目標	運動などで体重を5キロ減らしながら体力をつけて、就労支援事業所に無理なく週3回行けるようになったら、週4回行けることを目指す

提供事業者名（担当者名・電話）	課題解決のための本人の役割	評価時期	その他留意事項
就労支援センター△△（○○サービス管理責任者 XXX-XXXX）	・就労移行支援事業所への通所日には時間までに準備をする ・その日のボランティアの名前を調べておき、あいさつする	1ヵ月	就労移行事業所への行きはボランティアに送迎をお願いする。帰りは事業所が送る
○○相談支援事業所（○○相談支援専門員 XXX-XXXX）	・制度を理解する ・一人で留守番をして、妻が働きに行けるように協力する	1ヵ月	・貯金を整理してきちんと把握（妻） ・生命保険の手続きを進める（妻） ・妻は非常勤講師から塾の教員に転職を考えている
友人○○氏（XXX-XXXX）	仲間の介助でサークルに参加する	1ヵ月	
○○総合病院（○○医師 XXX-XXXX）	家の周りを散歩する（1日2回、30分ずつ）	1ヵ月	本人とプールに行き水中歩行（息子）
○○ヘルパーステーション（○○サービス提供責任者 XXX-XXXX）	外出の計画を立てる	1ヵ月	入浴日以外は、妻がシャワー浴の見守りなどの支援をする
○○総合病院（○○医師 XXX-XXXX）	通所していない日の自習	1ヵ月	

出典:「サービス等利用計画作成サポートブック」（日本相談支援専門員協会）

障害者が65歳以上になった場合は（介護保険との関係）

障害者が 65 歳以上であるなど、介護保険の被保険者である場合、同じようなサービスについては、介護保険のサービスが優先されます。

●障害者でも被保険者であれば、介護保険サービスが優先

障害者が65歳以上の場合、障害福祉サービスと介護保険サービスのどちらを利用するのかについては、原則として介護保険によるサービス利用（給付）が優先されます。また障害者でも65歳以上の人および40歳以上65歳未満で医療保険に加入している人は、介護保険制度の被保険者となります。

このような原則から、介護保険の被保険者となっている障害者が障害福祉サービスを利用する場合、介護保険で提供するサービスに内容や機能が同じようなものがある場合は、介護保険によるサービスを優先して受けなければなりません。

●介護保険が優先されるサービスと、介護保険にないサービス

介護保険が優先されるサービスには、❶介護給付（高額医療合算介護サービス費の支給を除く）、❷予防給付（高額医療合算介護予防サービス費の支給を除く）、❸市町村特別給付です。

一方で、介護保険のサービスに同じようなものがない、障害福祉サービス固有のものには、❶同行援護、❷行動援護、❸自立訓練（生活訓練）、❹就労移行支援、❺就労継続支援などがあります。

補装具については、たとえば車いすや歩行器、歩行補助つえなど、介護保険によって貸与される福祉用具に、障害福祉サービスの利用者である障害者が必要とする補装具と同じ品目がある場合は、介護保険による給付が優先します。ただしこうした品目でも、医師や身体障害者更生相談所などが、その人に合った個別の対応が必要と判断した場合は、障害者総合支援法による補装具費の支給が可能です。

障害福祉サービスと介護保険サービスの違い

項目	介護保険サービス	障害福祉サービス
介護の必要度	要介護状態区分 （要支援 1·2、要介護 1 ～ 5）	障害支援区分 （区分 1 ～ 6）
サービスの支給限度	要介護状態区分別に支給限度額を認定	利用者・家族の意向を踏まえ、支給決定基準に基づいて、市町村がサービスの種類、支給量を決定
サービスの利用計画	地域包括支援センター・居宅介護支援事業所の介護支援専門員（ケアマネジャー）が作成	指定特定相談支援事業所の相談支援専門員が作成
利用者負担	原則 1 割負担 ※一定以上所得者は 2 割負担 （利用者負担が高額になった場合、世帯の課税状況に基づいた上限額を超えた分については、申請により高額介護サービス費として支給）	原則 1 割負担 （世帯の課税状況に基づき、事前に負担上限月額を決定）

障害福祉サービス利用が認められるケース

	介護保険サービス	障害福祉サービス
介護保険に相当するサービスがある場合 （介護給付、予防給付など）	優先	原則受給できない
介護保険に相当するサービスがない場合 (同行援護、行動援護、自立訓練、就労移行支援など)		受給できる

要介護度・介護保険サービスの利用状況・障害者手帳の内容（等級・部位）の条件を満たした場合に限り、「居宅介護」「重度訪問介護」に関して、介護保険サービスと障害福祉サービスの併給が認められます。

利用者の満足やニーズに応える モニタリング（モニタリングとは）

障害者の心身の状態や環境は固定的ではありません。新たなニーズや満足、サービスの質を担保するためにはモニタリングが大切です。

●モニタリング期間は市町村が決定する

モニタリングとは、**利用者の満足度や新たなニーズの調査や分析、点検をすること**です。新たなニーズがある場合は、アセスメントを行い、サービス等計画書や個別支援計画書を見直します。

市町村は、障害福祉サービス利用者のそれぞれの状況に応じて、毎月、6ヵ月ごとなど、モニタリングを行う期間を定めます。実際にモニタリング期間を設定するのは、その人のサービス等利用計画案を作成する**指定特定相談支援事業者や指定障害児相談支援事業者（計画作成担当）**です。

計画作成担当は、モニタリングのための一定の目安として国が示している標準期間や個別の勘案事項を踏まえた上で、モニタリング期間を定め、それをサービス等利用計画案に記載します。これをもとに市町村は、モニタリング期間を決定します。なお、モニタリング期間は、利用者に交付される受給者証に記載されます。

●セルフプランでは事業者によるモニタリングは行われない

障害福祉サービスの仕組みでは、障害者本人、または障害児の保護者が、自分で計画を作る**（セルフプラン）**ことも認められています。このような場合は、指定特定相談支援事業者や指定障害児相談支援事業者（計画作成担当）によるモニタリングは実施されません。

しかしこの場合でも、指定障害福祉サービス事業者は、自分たちが提供するサービスの質を担保し、より適切な障害福祉サービスを提供するために、サービス管理責任者を配置し、利用者に対するモニタリングを定期的に実施するのが一般的です。

モニタリングの期間と回数

【5月1日に利用を開始する場合（例）】

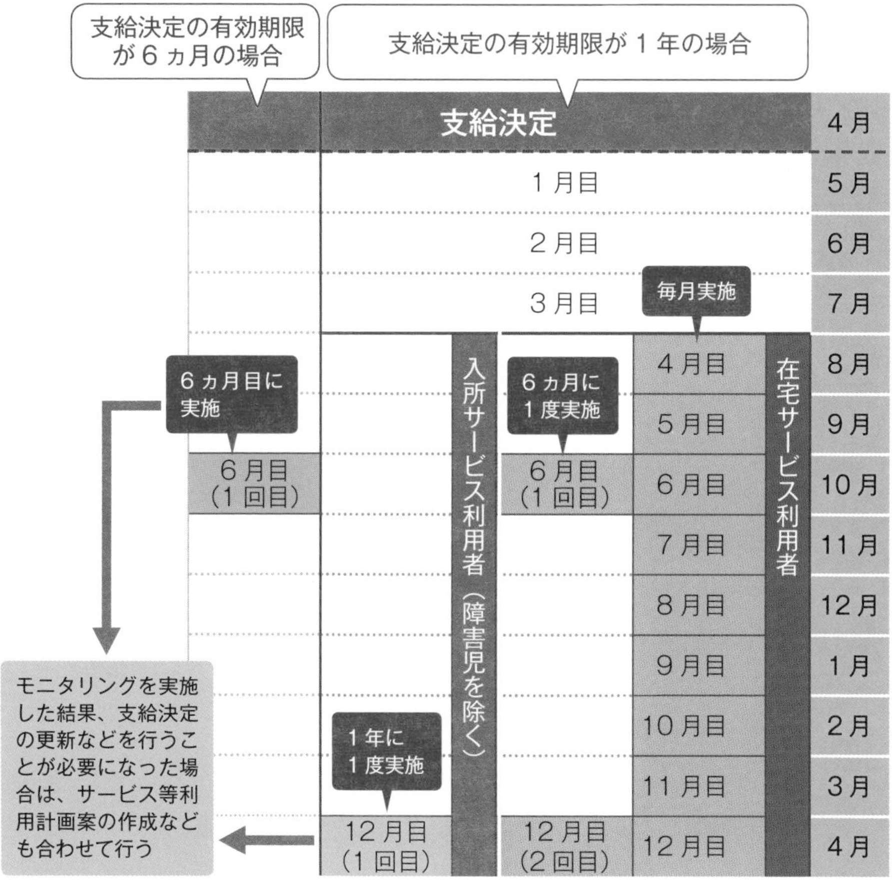

標準的なモニタリング期間より、きめ細かいモニタリングが必要な利用者については、2、3ヵ月ごとに行うこともあります。

利用者と家族のニーズを確認し、より良い計画に(モニタリングの注意点)

モニタリングでは、利用者の権利擁護、本人や家族のニーズをくみ取り、計画を検証して新たなアセスメントにつなげることが大切です。

●モニタリングに必要な視点と勘案事項

指定特定相談支援事業者や指定障害福祉サービス事業者が行うモニタリングは、以下のような視点に基づいて行われなければなりません。

❶利用者の権利が守られているか？
❷サービスについて利用者は満足しているか？
❸新たなニーズが発生しているか？
❹定められた目標が達成されているか？

こうした観点に立って、厚生労働省はモニタリングを行う際に勘案すべきこととして、以下の項目を示しています。

❶障害者等の心身の状況
❷障害者等の置かれている環境
❸総合的な援助の方針（援助の全体目標）
❹生活全般の解決すべき課題
❺提供される各サービスの目標および達成時期
❻提供されるサービスの種類、内容、量など

●どれだけ本人と家族のニーズをくみ取れるか？

モニタリングで大切なことは、利用者に不利益が生じていないか、その人の権利や尊厳がしっかりと守られているのかを把握・確認することです。ニーズをはっきりと主張できない利用者や家族に対しては、どれだけ利用者や家族の真意をくみ取れるのかが重要になります。

モニタリングの結果は、継続サービス利用支援に欠かせないものですので、報告書に適切にまとめることが大切です（P80 ～）。

モニタリングの重要性と注意点

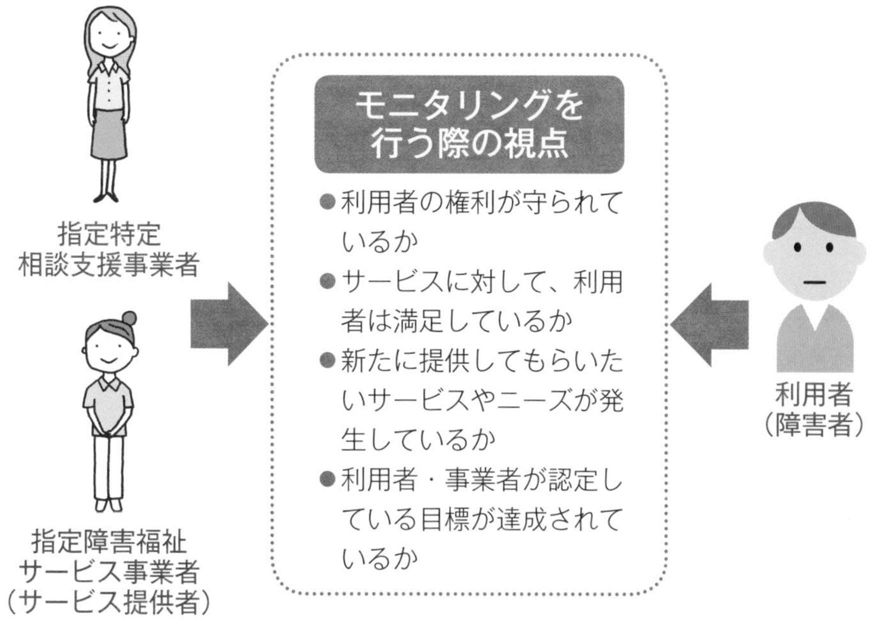
指定特定
相談支援事業者
指定障害福祉
サービス事業者
（サービス提供者）
モニタリングを
行う際の視点
●利用者の権利が守られているか
●サービスに対して、利用者は満足しているか
●新たに提供してもらいたいサービスやニーズが発生しているか
●利用者・事業者が認定している目標が達成されているか
利用者
（障害者）

モニタリングを行う際にチェックする項目

- ☑ **障害者の心身の状態**
- ☑ **障害者などの置かれている環境（家族の状況、介護者の状況、就労・就学に関する状況、ライフステージの変化など）**
- ☑ **全体的な支援の方針（目標について）**
- ☑ **生活全般における課題**
- ☑ **サービスの目標について（目標の達成率や達成時期）**
- ☑ **サービスの内容、量、質について**

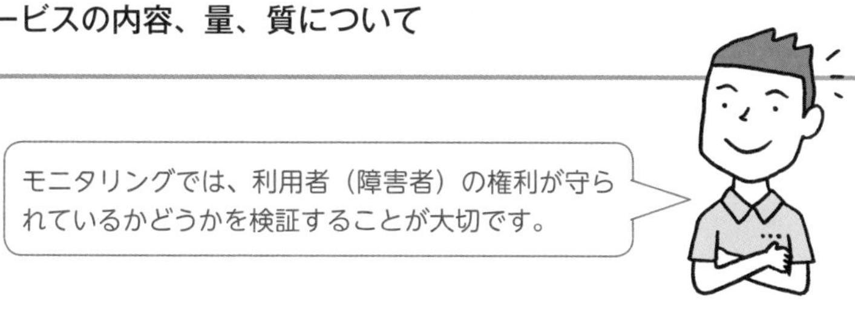
モニタリングでは、利用者（障害者）の権利が守られているかどうかを検証することが大切です。

モニタリング報告書の記載例

利用者氏名	山田太郎
障害福祉サービス受給者証番号	1234567890
地域相談支援受給者証番号	0
障害支援区分	区分2
利用者負担上限額	9300円
相談支援事業者名	○○相談支援センター
計画作成担当者	田中一郎

優先順位	支援目標	達成時期	サービス提供状況（事業者からの聞き取り）	本人の感想・満足度
1	1日のスケジュールを決め、体力の向上に努め、週3回就労移行支援事業所に通えるようになる	3ヵ月	・朝10時から16時まで（6時間）事業所で過ごすことができた ・パソコンの入力も片手打ちだが入力時間の短縮ができた	最初は慣れなかったパソコン操作だが、左手で打つスピードが上がった
2	・年金の手続きをする ・特別障害者手当の受給について検討する	3ヵ月	厚生年金の手続きは完了。医師は特障は難しいと（妻は求職登録をすると共に、今の職場へも就職あっせんを依頼している）	収入が少ないと心配。早く働きたい
3	昔の仲間と市内のガーデニングへ出かける	12ヵ月	ガーデニングは天候にも左右されやすいが、そんな時はDVDを見て楽しんだ（友人）	引きこもっていた自分の姿で落ち込む日もあったが、仲間が誘ってくれてよかった
4	高血圧・高脂血症があるので健康管理し、体重を5キロ減らす	3ヵ月	4キロ減量できた。このまま運動を継続するように（主治医）	再発作が怖いので、注意している。5キロ減らせそうに思う
5	週に3回は入浴をする	1ヵ月	脱衣は自力、浴槽の出入りは見守りで可能。浴槽内での立ち上がり動作に工夫が必要か。着衣は一部確認が必要	風呂に入れるのはうれしい。訓練に通っている日はシャワー浴で仕方ないか
6	留守番ができるようになる	3ヵ月	月2回の訓練では単語カードなどを使って訓練を行い、着実な回復が見られている	言いたいことが伝わるようになってきた。うれしい

計画作成日	2023年4月15日
モニタリング実施日	2023年6月5日
利用者同意署名欄	山田太郎

総合的な援助の方針	全体の状況
体力をつけて、できる限り作業能力を向上させて、就労の道を探る。生活リズムの安定をさせ健康にも配慮しながら、本人が好きなことをして充実した生活を送れるようにする	障害者総合支援法のサービスを受けるようになって社会参加するようになり生活リズムがついた

支援目標の達成度（ニーズの充足度）	今後の課題・解決方法	計画変更の必要性			その他留意事項
		サービス種類の変更	サービス量の変更	週間計画の変更	
入力する内容が簡単なものはできるようになった。体力もつき、週3回の通所は無理なくできるようになった	回数を週3回から4回に変更する。就労移行支援事業所のサービス管理責任者と連携を取って、本人の能力にあった業務内容に変更してもらう。工賃が少しアップするか	有・(無)	(有)・無	(有)・無	パソコン業務内容について、テープおこしの入力や学校新聞、塾の教材などの入力に変えて、失語症の訓練を兼ねるとともに自信につなげる
・手続き完了 ・引き続き妻の求職活動についてアドバイスする	妻が働く時間が増えることで家族関係が希薄にならないか考慮する	有・(無)	有・(無)	有・(無)	妻の介護負担軽減を図る
外出の機会が増えて、活動の幅が広がり、ちょっとしたことだが勇気が出てきて、自信がついた	仲間からの誘いだけではなく、本人から進んで計画ができるようにする方法を考える。上のライセンスにチャレンジする	有・(無)	有・(無)	有・(無)	ガーデニングの放送をTVで視聴して、上のライセンスを取得する
・規則正しく運動している。血圧は正常値を保っている ・油ものを控えたり、食事にも気を使うようになった	・引き続き運動を継続 ・定期的な受診 ・食事管理、野菜や豆を多く摂取する	有・(無)	有・(無)	有・(無)	月1回定期
回数は、ほぼ達成できた。本人は毎日入浴したいのではないか？	・浴槽内の立ち上がり動作について専門職の意見を得る機会を作る ・就労移行支援の回数増に伴う入浴介助の曜日変更	有・(無)	有・(無)	(有)・無	専門職の意見を得るようにする。現在の通院先の外来で可能か確認する
留守番をしていても簡単な用件なら実施できるようになった。伝言メモも書ける	引き続き訓練を継続する	有・(無)	有・(無)	有・(無)	

出典：「サービス等利用計画作成サポートブック」（日本相談支援専門員協会）

利用者の所得に応じて負担額が決まる(利用者負担)

障害者自立支援法で批判の多かった応益負担（定率負担）が見直され、総合支援法では利用者負担は応能負担になっています。

●応益負担から応能負担へ

障害福祉サービスの支給決定後、利用者には受給者証が送られてきます。利用者は、受給者証を示した上で、利用したい事業所や施設と支給決定量の範囲の中で契約を結び、サービスを受けることとなります。

サービスを受ける場合、利用者は一定の金額を負担しなければなりません。これを**利用者負担**といいます。

2006（平成 18）年に施行された障害者自立支援法では、サービスを利用した場合、利用料の 1 割を利用者が負担する**応益負担（定率負担）**でした。しかし、この仕組みでは、障害が重い人ほどサービスの利用量が多く、自己負担額も大きくなり、そのためにサービスの利用が制限されるような状況もみられ、大きな問題となりました。

このため、2010（平成 22）年からは、**サービスの利用量に関わりなく、利用者の所得に応じて利用者の負担額が決まる、応能負担**が導入されました。

その後、2012（平成 24）年の障害者自立支援法改正で、このような応能負担は法律にもはっきりと示されるようになりました。

●実際にはどれくらいかかる？

障害福祉サービスの利用にあたっては、世帯の家計によって上限額が決められていますが、それぞれの負担上限額よりもサービスに要する費用の 1 割相当が低い場合には、**1 割の額を利用者が負担**します。こうした原則に基づいて、たとえば居宅における身体介護は 1 回 30 分未満 225 円、重度訪問介護は 1 回 1 時間未満 85 円などの利用者負担額が定められています。

サービスを利用する際に負担する金額

●利用者の負担額とサービス量の関係

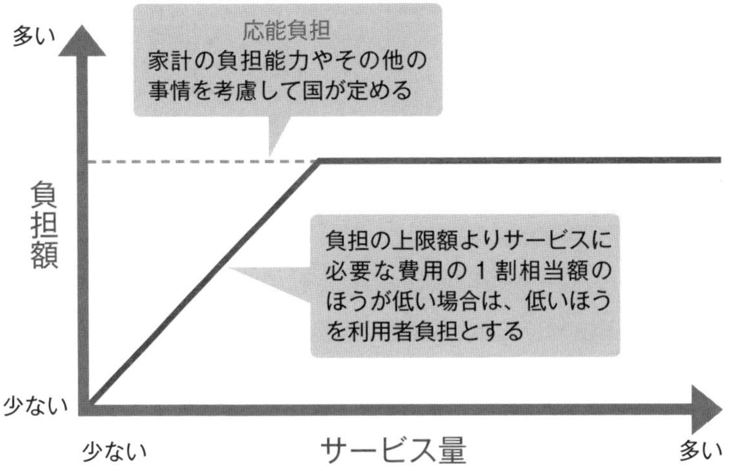

●同行援護サービス費

①	所要時間３０分未満の場合	１９０単位（１９７円）
②	所要時間３０分以上１時間未満の場合	３００単位（３１１円）
③	所要時間１時間以上１時間３０分未満の場合	４３３単位（４４９円）
④	所要時間１時間３０分以上２時間未満の場合	４９８単位（５１６円）
⑤	所要時間２時間以上２時間３０分未満の場合	５６３単位（５８４円）
⑥	所要時間２時間３０分以上３時間未満の場合	６２８単位（６５１円）
⑦	所要時間３時間以上の場合	６９３単位（７１８円）に３０分ごとに６５単位（６８円）加算

月額上限を基本とした多様な軽減措置がある（利用者負担の軽減措置）

働く機会や所得の少ない障害者の、サービス利用における金銭的な負担を軽くするために、様々な負担軽減措置が用意されています。

●様々な利用者負担の軽減措置

障害福祉サービスには、利用者の負担を軽減させようと、以下のような措置があります。

❶利用者負担の負担上限設定

❷医療型個別減免

❸高額障害福祉サービス費

❹補足給付

❺通所施設利用者に対する食事等の軽減措置

❻生活保護への移行

●負担軽減の基本となる利用者負担の上限月額

上記の軽減措置のなかでも、最も基本となるのが**利用者負担の上限月額**です。これは利用者の所得に応じて、1ヵ月の利用負担上限額を設定し、この金額を超える分については、利用者が負担しなくてよいというものです。

利用者負担の上限月額は所得に応じて、「生活保護」「低所得」「一般1」「一般2」の4つに区分されます。このうち**生活保護と低所得の区分に該当する場合は負担上限額は0円**であり、つまりサービス利用料の利用者負担はまったくありません。なお、低所得の区分に該当するのは市町村民税非課税世帯で、たとえば3人世帯で障害基礎年金1級受給の場合、収入がおおむね300万円以下の世帯が対象となります。

所得を判断する際の世帯の範囲は、18歳以上の障害者（施設に入所する18～19歳を除く）の場合は障害のある人とその配偶者、障害児（施設に入所する18～19歳を含む）は保護者が属する住民基本台帳での世帯となります。

利用者負担の仕組みと軽減措置

●利用者負担に対する様々な軽減措置

	入所施設利用者（20歳以上）	グループホーム利用者	通所施設利用者	ホームヘルプ利用者	入所施設利用者（20歳未満）	医療型施設利用者（入所）
自己負担	利用者負担の負担上限月額設定 ←利用者負担には、月ごとに上限がある					
	高額障害福祉サービス費 ←世帯での合計額が基準額を上回る場合は、高額障害福祉サービス等給付費が支給される					医療型個別減免 ←療養介護を利用する場合、医療費と食費の減免がある
			事業主の負担による就労継続支援Ａ型事業（雇用型）の減免措置			
	生活保護への移行の防止 ←負担減免をしても、自己負担や食費などを負担することで生活保護の対象となってしまう場合は、生活保護の対象にならない額まで自己負担の負担上限月額や食費など実費負担額を引き下げる					
食費・光熱費など	補足給付 ←食費や光熱費、水道代の負担を減免（5万3500円を限度として施設ごとに額が設定）	補足給付 ←家賃の負担を減免。利用者1人あたり月額1万円を上限	通所施設利用者に対する食事等の支給による減免措置 ←低所得・一般1（グループホーム利用者（所得割16万円未満）を含む）の場合、食材料費のみ負担（食材料費は施設によって異なる）		補足給付 ←食費や光熱費、水道代の負担を減免（5万3500円を限度として施設ごとに額が設定）	

●利用者負担の上限について

区分	世帯の収入状況	負担上限月額
生活保護	生活保護受給世帯	0円
低所得	市町村民税非課税世帯（※1）	0円
一般1	市町村民税課税世帯（所得割16万円未満※2） ※入所施設利用者（20歳以上）、グループホーム利用者を除く※3	9300円
一般2	上記以外	3万7200円

※1…3人世帯で障害基礎年金1級受給の場合、収入がおおむね300万円以下の世帯が対象
※2…収入がおおむね600万円以下の世帯が対象
※3…入所施設利用者（20歳以上）、グループホーム利用者は、市町村民税課税世帯の場合、「一般2」となる

●所得を判断する際の世帯の範囲

種　別	世帯の範囲
18歳以上の障害者（施設に入所する18、19歳を除く）	障害のある人とその配偶者
障害児（施設に入所する18、19歳を含む）	保護者の属する住民基本台帳での世帯

障害者の負担軽減

（医療型個別減免）

療養介護を利用する人は、福祉部分負担相当額と医療費、食事療養費を合算して上限額を設定し、これを超過する分が減免されます。

●医療費と食費が減免される支援

障害福祉サービスにおける利用者負担の軽減措置の中で、療養介護（P110～）にかかわるものが**医療型個別減免**です。

療養介護は医療機関が実施するものであり、その際にかかる療養医療費は、本来、健康保険の対象となる医療費であり、障害福祉サービスにおける介護給付とは異なります。

しかし、療養介護や医療型障害児入所施設を利用する人については、利用者負担の認定のときに、20歳以上と20歳未満のそれぞれについて、負担上限月額を認定します。これが、医療型個別減免です。

医療型個別減免では、障害者総合支援法のサービスである**療養介護の自己負担額に、医療費、食事療養費を合算し、上限額を設定**します。

●年齢によって異なる医療型個別減免

対象となるのは、20歳以上の入所者の場合、市町村民税が非課税である人、20歳未満の入所者については、すべての所得区分の人が対象になります。ただし、医療型児童発達支援の利用者については、適用されませんので注意が必要です。

20歳以上の人の負担限度額は、**負担限度額（月額）＝認定収入額－その他の生活費**という式で算定されます。具体的には、**その他の生活費＋福祉部分の自己負担相当＋医療部分の利用者負担額＋食事療養負担額**が、認定収入額を超える場合、その超えた分が減免されます。20歳未満の人の場合、負担限度額の月額は地域で子どもを育てている世帯と同じ程度の負担になるよう負担限度額を設定し、それを上回る額が減免されます。

療養介護を利用する場合の減免措置

医療型個別減免とは…

- 療養介護を利用する人は、福祉部分負担相当額と医療費、食事療養費を合算して、上限額を設定
- 20歳以上の入所者で低所得者の人は、少なくとも2万5000円が手元に残るよう、利用者負担額が減免される

●月ごとの利用者負担の上限

区分	世帯の収入状況	負担上限額
生活保護	生活保護受給世帯	0円
低所得	市町村民税非課税世帯（※1）	0円
一般1	市町村民税課税世帯（所得割16万円（※2）未満） 入所施設利用者（20歳以上）、グループホーム利用者を除く（※3）	9300円
一般2	上記以外	3万7200円

障害福祉サービスの自己負担は、所得に応じて次の4区分の負担上限額が設定され、ひと月に利用したサービス量にかかわらず、それ以上の負担は生じない

（※1）3人世帯で障害者基礎年金1級受給の場合、収入がおおむね300万円以下の世帯が対象
（※2）収入がおおむね600万円以下の世帯が対象
（※3）入所施設利用者（20歳以上）、グループホーム、ケアホーム利用者は、市町村民税課税世帯の場合、「一般2」となる
（※4）世帯の範囲はP85を参照

● 20歳以上の施設入所者の医療型個別減免

例：療養介護利用者 / 平均事業費：福祉22.9万円、医療41.4万円）、障害基礎年金1級受給者（年金月額8万1258円）の場合

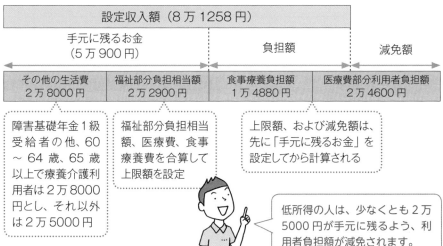

設定収入額（8万1258円）

手元に残るお金（5万900円） ／ 負担額 ／ 減免額

その他の生活費	福祉部分負担相当額	食事療養負担額	医療費部分利用者負担額
2万8000円	2万2900円	1万4880円	2万4600円

障害基礎年金1級受給者の他、60～64歳、65歳以上で療養介護利用者は2万8000円とし、それ以外は2万5000円

福祉部分負担相当額、医療費、食事療養費を合算して上限額を設定

上限額、および減免額は、先に「手元に残るお金」を設定してから計算される

低所得の人は、少なくとも2万5000円が手元に残るよう、利用者負担額が減免されます。

児童福祉法に基づいたサービスの負担軽減（障害児の利用者負担）

児童福祉法に基づいた障害児の負担軽減措置は障害者総合支援法の軽減措置とほぼ同じ形ですが、ここで改めて整理しておきましょう。

●負担軽減の基本は月ごとの利用者負担上限設定

障害児に関するサービスは、すべて児童福祉法に位置付けられており、これに基づく障害児を対象とするサービスは、障害者総合支援法に基づくサービス利用と同じような契約方式が採用されています（P176 ～）。

その上で障害児に対しても、サービスの利用に際して、障害者総合支援法と同様な利用者の負担軽減措置が講じられています。なかでも基本となるのが利用者負担の上限設定で、月ごとの負担額に上限が定められています。

●その他の障害児向けの負担軽減措置

障害児には、利用者負担の上限設定以外にも、下記のような負担軽減措置があります。

❶医療型個別減免

医療型施設に入所する人や療養介護を利用する人は、従前の福祉部分自己負担相当額と医療費、食事療養費を合算して、上限額を設定します。20歳未満の入所者の場合、地域で子どもを養育する世帯と同程度の負担となるよう、負担限度額を設定し、限度額を上回る額について減免を行います。所得要件はありません。

❷福祉型障害児入所支援施設を利用する場合の食費などの減免

20歳未満の入所者の場合、地域で子どもを養育する費用（低所得世帯、一般1は5万円、一般2は7.9万円）と同様の負担となるように補足給付が行われます。所得要件はありません。

❸障害児通所支援を利用する場合の食費の減免

障害児の通所支援では、低所得世帯と一般1は食費負担が軽減されます。

障害児向けの利用者負担の軽減措置

●月ごとの利用者負担の上限

区分	世帯の収入状況		負担上限月額
生活保護	生活保護受給世帯		0円
低所得	市町村民税非課税世帯		0円
一般1	市町村民税課税世帯 （所得割28万円未満。おおむね収入が890万円以下の世帯が対象）	通所施設、ホームヘルプ利用の場合	4600円
		入所施設利用の場合	9300円
一般2	上記以外		3万7200円

●世帯の範囲

種別	世帯の範囲
18歳以上の障害者 （施設に入所する18、19歳を除く）	障害のある人とその配偶者
障害児 （施設に入所する18、19歳を含む）	保護者の属する住民基本台帳での世帯

●医療型障害児入所施設を利用する場合

医療型個別減免とは…

- 医療型施設に入所する人や療養介護を利用する人は、福祉部分負担相当額と医療費、食事療養費を合算して上限額を設定（20歳未満の入所者の場合）
- 地域で子どもを養育する世帯と同じ程度の負担となるよう、負担額を設定し、限度額を上回る額について減免を行う（所得要件なし）

例：医療型障害児入所施設利用者／平均事業費：福祉22.9万円、医療41.4万円、一般1の場合

地域で子どもを育てるために通常必要な費用
5万円（低所得者、一般1は5万円、一般2は7.9万円）

負担額
減免額

その他の生活費	福祉部分負担相当額	医療費部分利用者負担額	食事療養負担額
3万4000円 （18歳以上は2万5000円、18歳未満は3万4000円）	**2万2900円 →1万5000円** （計算上は事業費の1割とし、1万5000円を超える場合は、1万5000円として計算）	**4万200円**	**2万4180円**

複数のサービスを利用する人の負担を軽減(高額障害福祉サービス等給付費)

障害福祉サービスと介護保険サービスなど、複数のサービスを利用する場合、基準額を超えるときに給付される負担軽減措置です。

●複数のサービスを利用する世帯を支える措置

1つの世帯で、障害福祉サービスや介護保険サービスなど、複数のサービスを利用している場合、その合算額が基準額を上回る場合は、**高額障害福祉サービス等給付費**が支給されます。

合算の対象となるサービスは、以下の通りです。

❶障害福祉サービス
❷補装具費
❸介護保険サービス
❹障害児支援サービス

●給付の申請は市町村へ

障害者の場合は、障害者と配偶者の世帯で、障害福祉サービスの負担額（介護保険サービスも併せて利用している場合は、介護保険の負担額も含みます）の合算額が基準額を超える場合は、高額障害福祉サービス等給付費が支給されます。

障害児が障害者総合支援法に基づくサービス、児童福祉法に基づく障害児通所支援、障害児入所支援のうちいずれか2つ以上のサービスを利用している場合は、利用者負担額の合算が、それぞれのいずれか高い額を超えた部分について、高額障害福祉サービス費等給付費が支給されます。なお、世帯に障害児が複数いる場合でも、合算した負担額が1人分の負担額と同様になるように軽減をします。

給付を希望する場合は、市町村への申請が必要です。また支給方法については、障害者・障害児いずれの場合でも、償還払いの方法になります。

高額障害福祉サービス費の利用者負担の軽減措置

具体例

父親、母親（障害者）、子ども（障害児）の３人家族で、子どもが障害児通所支援を利用（父親が通所給付決定保護者）し、母親が障害福祉サービスおよび補装具を利用（母親本人が支給決定障害者等および補装具費支給対象障害者）する場合であって、世帯の高額費算定基準額Xが３万7200円である場合

合算の仕組み

高額費は、利用者負担世帯合算額と高額費算定基準額の差額を支給対象とする

利用者負担世帯合算額Ｙ　８万円（①+②+③）		
①障害児通所支援にかかる利用者負担　３万円	②障害福祉サービスにかかる利用者負担　２万円	③補装具にかかる利用者負担　３万円

※この事例における改正後の高額費支給対象額は４万2800円（Y－X）

支給額

父親または母親に対する支給額は、高額費支給対象額を通所給付決定保護者按分率、支給決定障害者等按分率（父親、母親にかかる利用者負担を利用者負担世帯合算額でそれぞれ除して得た率）で按分した額とする

父親に支給される高額障害児通所給付費	４万2800円×①／Y＝１万6050円
母親に支給される高額障害福祉サービス等給付費	４万2800円×（②+③）／Y＝２万6750円

※高額費算定基準額は、従来と同様、市町村民税課税世帯は３万7200円、それ以外は０円
※一人の障害児の保護者が障害福祉サービス、障害児通所支援または指定入所支援のうちいずれか２つ以上のサービスを利用する場合、その負担上限月額は利用するサービスの負担上限月額のうち最も高い額とする特例を設ける

コラム

高次脳機能障害者への支援

高次脳機能障害は、交通事故や病気などの様々な原因によって、脳に損傷をきたしたために生ずる障害のこと。精神障害者保健福祉手帳の申請が可能で、障害福祉サービスを利用することもできます。

生活に欠かせない食費や光熱費などの軽減措置（補足給付費）

その人の収入に応じて、生活に欠かすことのできない食費や光熱費、家賃について、利用者の負担軽減をするのが補足給付です。

● 3つの補足給付対象

補足給付は、食費や水道光熱費、グループホームの家賃についての、**実費負担を軽減する措置**で、施設入所者、通所施設、グループホームの利用者が対象となります（障害児については、P88 ～を参照）。

20歳以上の入所者の場合

入所施設の食費・光熱水費の実費負担については、5万8000円を限度として施設ごとに額が設定されることになりますが、低所得者に対する給付については、費用の基準額を5万8000円として設定し、自己負担相当額と食費・光熱水費の実費負担をしても、少なくとも手元に2万5000円が残るように補足給付が行われます。

なお、就労等により得た収入については、2万4000円までは収入として認定しません。また、2万4000円を超える額については、超える額の30％は収入として認定しません。

通所施設の場合

通所施設では、低所得、一般1（グループホーム・ケアホーム利用者［所得割16万円未満］を含む）の場合、**食材料費のみの負担**となるため、実際にかかる額のおおよそ3分の1の負担となります（月22日利用の場合、約5100円程度）。なお食材料費は、施設ごとに額が設定されます。

グループホーム・ケアホームの利用者

グループホーム・ケアホーム（重度障害者等包括支援の一環として提供される場合を含む）の利用者（生活保護または低所得の世帯）が**負担する家賃**を対象に、利用者1人当たり月額1万円を上限に補足給付が行われます。

実費負担に対する軽減措置

例：20歳以上入所施設利用者／障害基礎年金1級受給者（年金月額8万1925円、事業費35万円）の場合

手元に残る額		実費負担	
自己負担額 7629円 （8万1925円－6万6667円）×50%	**その他の生活費** 2万8000円 （障害基礎年金1級の人はその他生活費（2万5000円）に3000円加算して計算）	**食費・光熱水費** 4万6296円 （5万8000円を限度として、施設ごとに金額を設定）	**補足給付** 1万1704円
障害基礎年金収入（8万1925円）＋補足給付（1万1704円）			

通所施設の場合、低所得者や一般1（グループホーム利用者＜所得割16万円未満＞を含む）の人は食材料費のみ負担となります。食材料費は施設ごとに額が異なります。

計算例（上図の場合）

負担限度額（月額）＝（障害基礎年金収入6万6667円－その他の生活費2万8000円）＋（収入認定額8万1925円－6万6667円）×50%

補足給付額（月額）＝5万8000円－負担限度額（月額）4万6296円＝1万1704円

コラム

医学モデルと社会モデル

障害に関して、ケガや疾病などが障害を直接引き起こすものとする「医学モデル」と、障害はその人を取り巻く環境によって作り出されるものとする「社会モデル」という、2つの考え方があります。

発達障害と「発達障害者支援法」(1) コラム

これまで十分でなかった発達障害への理解と支援

発達障害は、私たちの身近にありながら、これまで社会の中で十分に理解されていない障害でした。

発達障害のある人は、それぞれの特性に応じた支援を受けることができれば、十分に力を発揮できる可能性があります。しかしこれまでは、社会における支援体制が十分ではありませんでした。

こうした背景を踏まえて、発達障害について社会全体で理解し支援を行っていくために、2005（平成 17）年 4 月から**発達障害者支援法が施行**されています。

発達障害とは、どんな障害？

発達障害は発達障害者支援法において、**自閉症、アスペルガー症候群その他の広汎性発達障害、学習障害、注意欠陥多動性障害その他これに類する脳機能障害であってその症状が通常低年齢において発現するもの**と定義されています。

それぞれの障害の特性

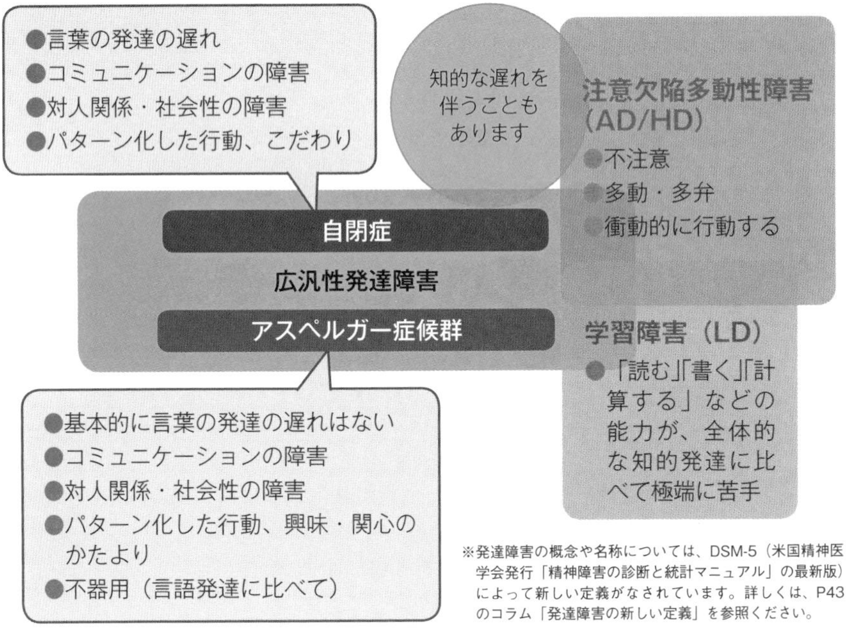

※発達障害の概念や名称については、DSM-5（米国精神医学会発行「精神障害の診断と統計マニュアル」の最新版）によって新しい定義がなされています。詳しくは、P43 のコラム「発達障害の新しい定義」を参照ください。

Part 4

障害者が利用できるサービス（障害福祉サービス）

障害者総合支援法によって提供されるサービスは、身の回りの介護・援助から就労支援、生活に欠かすことのできない用具の給付や貸与、さらには地域での創作・生産活動の支援まで多岐にわたります。それぞれのサービスについて、その内容や対象、具体的な利用方法などについて解説します。

障害福祉サービスを利用するためのサポート(自立支援給付とは)

自立支援給付は「障害福祉サービス」利用に欠かせません。「地域生活支援事業」と合わせ、障害のある人たちの自立を支えるものです。

●介護や訓練等の支援を受けるサービス

自立支援給付は、介護の支援サービスを受ける場合の**介護給付費**、自立訓練や共同生活援助などの**訓練等給付費**の２つが中心となります。

介護給付は、在宅はもとより、通所・入所施設を利用するとき、日常生活に必要な介護サービスを受けるもので、**居宅介護**、**重度訪問介護**、**行動援護**、**短期入所（ショートステイ）など９つのサービス**があります。

訓練等給付は、社会の一員として日々の生活を送るために訓練などのサービスが提供されます。**自立訓練**、**就労移行支援**、**就労継続支援**、**共同生活援助を受けた場合に支給される**もので、利用したサービス内容が所定の項目に合致すれば支給対象となります。

それぞれ手続きが少し異なりますが、いずれも支給決定を受けて利用できるサービスが決まります。中には期限が限られるサービスもありますが、必要に応じて一定程度の更新（延長）が可能です。

●他に給付対象となる費用も

自立支援給付には、「介護給付費」「訓練等給付費」に分類されないものもあります。障害のある人の自立した生活に必要とされる**自立支援医療**や、補装具の購入・修理には**補装具費**の給付が受けられます。

また、障害福祉サービスを利用する際に必要となる**サービス等利用計画書の作成費**、利用者負担が著しく高額になった場合の**高額障害福祉サービス費**があります。所得の低い世帯の場合、軽減措置として**特定障害者特別給付費・特例特定障害者特別給付費**、**療養介護医療費・基準該当療養介護医療費**などがあります。

自立を支援するための給付

自立支援給付

介護給付

- 居宅介護（ホームヘルプ）
- 重度訪問介護
- 同行援護
- 行動援護
- 重度障害者等包括支援
- 短期入所（ショートステイ）
- 療養介護
- 生活介護
- 施設入所支援

訓練等給付

- 自立訓練
- 就労移行支援
- 就労継続支援（A 型・B 型）
- 共同生活援助（グループホーム）

※従来のケアホームは、グループホームに一元化

障害者
障害児

自立支援医療

- 更生医療
- 育成医療
- 精神通院医療

※育成医療、精神通院医療の実施主体は都道府県など

その他

- サービス等利用計画書の作成
- 高額障害福祉サービス

補装具

コラム

重度障害者の地域生活を支える「自立生活センター」とは

すべての障害者に、障害の種別を問わず総合的なサービスを提供することを目的とした民間施設。運営委員の過半数と事業実施責任者が障害者であることや、利用者のニーズが運営の基本となるシステムが特徴です。一般的な障害者支援関連の施設は、福祉や医療の専門家による運営･支援が中心となりますが、障害者自身が主体となって運営する自立生活センターは、障害のある人たちの権利をより優先させる方法として優れていると、注目されています。

身の回りの介護・援助などで日常生活を支援（居宅介護）

自宅で生活するため、介護が必要な場合に利用するサービスの基本形です。調理や洗濯などの家事も含め、生活全般をサポートします。

●サービスの内容は大きく分けて４種類

居宅介護は、**在宅生活を支援するサービスの１つ**で、障害によって介護が必要な人が利用できます。食事や入浴などを介助する**身体介護**、調理や洗濯などの**家事援助**、**日常生活に関する相談・助言**も受けられます。

身体介護、**家事援助**で受けられるサービスは厳密に決められており、居宅介護サービスとして利用できない内容もあります。たとえば、家族に利便が生じたり、家族が行うことが適当であると判断される行為、日常生活に支障が生じないと判断される行為にはサービスを利用できません。

また、家業などの援助的な行為、日常的な家事の範囲を超える行為、通院等介助を除く外出の介助、留守番や利用者本人が不在時の家事援助などもサービス利用の対象外となります。

身体介護、**家事援助**の他、病院や公的手続きなどの外出につきそう**通院等介助**、タクシーの乗車前から乗車後をケアしてもらう**通院等乗降介助（介護タクシー）**もあります。どちらのサービスも、利用者本人のためだけに使われることが前提となります。

●通院等介助には詳細な該当項目も

対象となる障害支援区分は１以上で、利用可能な時間は、障害支援区分と介護者の状況によって、**月0.5～186時間の範囲内**で定められます。

通院等介助については規定が異なり、**障害支援区分が２以上**であることに加え、認定調査項目で以下のいずれか１つ以上の認定が必要となります。「歩行」が「できない」、「移乗」「移動」「排尿」「排便」のいずれかが「見守りなど」「一部介助」「全介助」に該当する場合が対象です。

居宅介護のサービス内容

身体介護

- 入浴、清拭の介助
- 食事の介助
- 排せつの介助
- 外出の介助　など

家事援助

- 調理
- 洗濯
- 掃除
- 買い物　など

通院等介助・通院等乗降介助

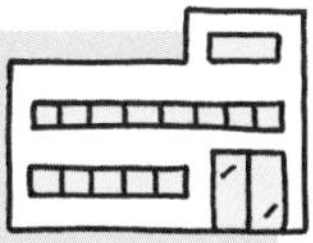

- 病院へ行く際の介助
- 介護タクシーを利用する際の乗降の介助　など

その他

- 日常生活に関する相談・助言
- 生活全般に対する援助　など

対象者

障害支援区分が１以上の人
（子どもの場合はこれに相当する心身状態の児童）

※通院等介助が必要な場合は、次のいずれにも該当する必要がある

- 障害支援区分が２以上
- 障害支援区分の認定調査区分のうち、次の状態のいずれか１つ以上に認定されている

歩行…「全面的な支援が必要」
移乗…「見守りなどの支援が必要」「部分的な支援が必要」または「全面的な支援が必要」
移動…「見守りなどの支援が必要」「部分的な支援が必要」または「全面的な支援が必要」
排尿…「部分的な支援が必要」または「全面的な支援が必要」
排便…「部分的な支援が必要」または「全面的な支援が必要」

より重い障害のある人を総合的にサポート（重度訪問介護）

常に介護を必要とする人に、生活全般の手厚い介護サービスを提供します。重度の障害のある人の在宅生活の継続を支援するものです。

●生活全般の援助から外出時の介護まで

重度訪問介護は、**障害によって肢体が不自由な人が利用できるサービス**で、在宅での生活支援の１つです。重度の知的障害・精神障害で、様々な行動が著しく困難な人も対象となります。断続的に介護が必要となる障害の重い人でも、自宅で日常生活を継続できるよう総合的にサポートするもので、一定の利用者は入院先でもサービスが利用できます。

サービスの内容は**居宅介護**と同様に、食事や入浴、排せつ、着替えの介助などの**身体介護**、調理や洗濯、生活必需品の買い物などの**家事援助**、**生活に関する相談や助言**など、生活全般の援助が受けられます。

特徴的なのは、外出を全般的にサポートする**移動介護**が含まれること。また、日常的に生じる介護に対応するための**見守り**も行われます。

●対象者の障害支援区分は４以上

重度訪問介護を利用できるのは、**障害支援区分４以上**の人です。さらに条件があり、次のどちらかに該当しなければなりません。

❶二肢以上に麻痺等があり、障害支援区分の認定調査項目のうち「歩行」「移乗」「排尿」「排便」のいずれも「支援が不要」以外と認定されている

❷障害支援区分の認定調査項目のうち行動関連項目等（①コミュニケーション、②説明の理解、③大声・奇声を出す、④異食行動、⑤多動・行動停止、⑥不安定な行動、⑦自らを傷つける行為、⑧他人を傷つける行為、⑨不適切な行為、⑩突発的な行動、⑪過食・反すう等、⑫てんかん発作の頻度）の合計点数が 10 点以上

重度訪問介護のサービス内容

身体介護

- 食事の介助
- 入浴・清拭・口腔ケアの介助
- 排せつなどの介助 など

医療的な支援

- 経管栄養注入の見守り
- 呼吸器管理
- 痰の吸引
- 全身運動の補助　など

家事援助

- 調理　●洗濯
- 掃除　など

日常生活で生じる介護に対応するための見守り

コミュニケーション支援

家電製品などの操作の支援

外出時の支援

対象者

- 重度の肢体不自由または重度の知的障害もしくは精神障害があり、常に介護を必要とする障害者
- 障害支援区分が４以上で、次の１、２のいずれかに該当する人

1 次のいずれにも該当
  - 二肢以上に麻痺などがある
  - 障害支援区分の認定調査項目のうち「歩行」「移乗」「排尿」「排便」のいずれも支援が不要以外と認定されている

2 障害支援区分の認定調査項目のうち行動関連項目等（12項目）の合計点が10点以上

視覚に障害のある人の外出を全面的にサポート（同行援護）

視覚障害のある人が外出する際に、それにかかわる一連のサービスを提供します。移動に必要な情報までサポートするのがポイントです。

●同行だけにとどまらない多岐にわたる支援内容

同行援護は、居宅支援サービスの１つで、**視覚障害によって移動が著しく困難な人が利用できる移動サポート**です。視覚障害のある人が、不安・不便を感じることなく出かけられるよう支援することは、住み慣れた地域で暮らしながら社会参加するために欠かせないものです。

サービス内容は、利用者が希望する場所に連れて行くだけではありません。**移動に同行しながら危険を回避し、代筆・代読を含めた視覚情報の支援や、必要に応じた食事や排せつなどの介護**もしてもらえます。もちろん、**目的地でのサポート**も同様ですし、**外出前後の身支度などの援助**も受けられます。利用者本人が外出する際に、必要となるサービスが効率的に提供されるのです。また、**宿泊を伴う外出**でも利用できます。

●サービスの利用には専用の調査票も必要

対象となるのは、**同行援護アセスメント調査票**の項目のうち、**視力障害、視野障害、夜盲のいずれかが１点以上**であり、**同時に移動障害の点数が１点以上**となる人。利用可能な時間は、**月 40 時間以内**です。

身体介護を伴う場合は、**障害支援区分が２以上**であることに加え、認定調査項目で以下のいずれか１つ以上の認定が必要となります。「歩行」が「できない」、「移乗」「移動」「排尿」「排便」のいずれかが、「見守りなど」「一部介助」「全介助」に該当する場合が対象となります。

サービスの利用は、**社会生活に必要不可欠な外出**、**余暇活動など社会参加のための外出**に限って認められます。ただし、透析のための通院や訓練施設への通所など、長年かつ長期にわたる外出には利用できません。

同行援護のサービス内容と範囲

サービス内容

- 移動時や外出先で必要な視覚的情報の支援（代筆・代読を含む）
- 移動時や外出先での移動の援護
- 外出先での排せつ、食事などの介護など
- 外出する前後に行われる衣服の着脱、介助など外出するために必要な援助

サービスの利用が認められないもの

- 仕事や学校に行くための外出
- ギャンブルや飲酒を目的とした外出など、社会通念上適当でないと認められる外出
- 特定の利益を目的とする宗教団体、政治団体を支援するための外出
- 介護者、道路運送法上の許可を受けていないヘルパーや事業者が運転する車を利用した外出（タクシーは可）

利用できる外出の内容

●社会生活上、必要不可欠な外出

- 役所などでの各種手続き、相談などのための外出
- 金融機関を利用するための外出
- 医療機関を受診するための外出
- 入院、あるいは療養中の家族や知人への見舞いのための外出
- その他、上記に準じる外出

●余暇活動など社会への参加促進のための外出

- 居住している地域で開催される催しや研修会などに参加するための外出
- 利用者の子どもの学校行事への参加のための外出
- 公的施設を利用するための外出
- 買い物や理美容のための外出
- 習い事やサークル活動のための外出
- 散歩
- その他、上記に準じ、社会参加の観点から適当と認められた外出

対象者

- 視覚障害によって移動に著しい困難を有する人で、同行援護アセスメント調査票において移動障害欄の点数が１点以上であり、移動障害以外の欄（視力障害、視野障害、夜盲）の点数のいずれかが１点以上
- 身体介護を伴う場合は、次のいずれにも該当する人

1. 障害支援区分が２以上
2. 障害支援区分の認定調査項目のうち、次に掲げる状態のいずれか１つ以上に認定されている

歩行 …「全面的な支援が必要」
移乗 …「見守りなどの支援が必要」「部分的な支援が必要」または「全面的な支援が必要」
移動 …「見守りなどの支援が必要」「部分的な支援が必要」または「全面的な支援が必要」
排尿 …「部分的な支援が必要」または「全面的な支援が必要」
排便 …「部分的な支援が必要」または「全面的な支援が必要」

行動に著しい困難のある人の地域生活を支援（行動援護）

障害によって、様々な行動が困難な人をサポートするサービスです。日常生活で生じる危険を回避する援護や介護などを行います。

●問題行動への対処・予防で外出を安全に

行動援護は同行援護と同じく、居宅支援サービスの１つで外出などをサポートします。利用できるのは、**知的障害または精神障害があり、行動が著しく困難で常に介護を必要とする人**です。住み慣れた地域での生活と社会参加の支援として、行動するときに生じる危険を回避するための援助、外出時の移動の介助、食事や排せつなどの介護が受けられます。

この他、日常の行動に関して必要となる援助が含まれることが、大きな特徴となります。具体的には、障害の特性を理解したヘルパーによる**予防的対応と制御的対応**です。予防的対応は、初めての場所で不安定になって不適切な行動を起こさないよう、事前に不安を取り除く措置を講じます。一方、制御的対応とは、万一、行動障害を起こしてしまった場合に、問題行動を適切におさめるよう対処することです。

●認定調査の行動関連項目で対象を判断

対象となるのは、**知的障害・精神障害のある人で、障害支援区分が３以上**であること。さらに、障害支援区分の認定調査項目のうち、以下の行動関連項目等（①コミュニケーション、②説明の理解、③異食行動、④多動・行動の停止、⑤不安定な行動、⑥自らを傷つける行為、⑦他人を傷つける行為、⑧不適切な行為、⑨大声・奇声を出す、⑩突発的な行動、⑪過食・反すう等、⑫てんかん発作）の合計点数が 10 点以上の場合、サービスを利用できます。

実際の対象者の例として挙げられるのは、統合失調症で自分では危険回避できない重度の精神障害のある人、てんかんや自閉症を持つ知的障害のある人など。18 歳未満でも小学生以上であればサービスを利用できます。

行動援護の対象者

対象者

知的障害・精神障害のある人で、障害支援区分が３以上

＋

さらに、障害支援区分の認定調査項目のうち、
以下の行動関連項目の合計点数が 10 点以上の人

●行動関連項目

調査項目など	０点			１点	２点	
本人独自の表現方法を用いた意思表示	意思表示できる			時々、独自の方法	常に独自の方法	意思表示できない
言葉以外の手段を用いた説明理解	説明を理解できる			時々、言葉以外の方法	常に言葉以外の方法	説明を理解できない
食べられないものを口に入れる	ない	時々ある		ある（週１回以上）	毎日	
多動または行動の停止	ない	まれにある	月に１回以上	週に１回以上	ほぼ毎日	
パニックや不安定な行動	ない	まれにある	月に１回以上	週に１回以上	ほぼ毎日	
自分の体を叩いたり傷つけるなどの行為	ない	まれにある	月に１回以上	週に１回以上	ほぼ毎日	
叩いたり蹴ったり器物を壊したりなどの行為	ない	まれにある	月に１回以上	週に１回以上	ほぼ毎日	
他人に抱きついたり、断りもなくものを持ってくる	ない	まれにある	月に１回以上	週に１回以上	ほぼ毎日	
環境の変化により突発的に通常と違う声を出す	ない	まれにある	週に１回以上	日に１回以上	日に頻回	
突然走っていなくなるような突発的行動	ない	まれにある	週に１回以上	日に１回以上	日に頻回	
過食・反すうなどの食事に関する行動	ない	まれにある	月に１回以上	週に１回以上	ほぼ毎日	
てんかん発作（医師意見書）	年に１回以上			月に１回以上	週１回以上	

重い障害のある人に必要な支援を複合的に提供(重度障害者等包括支援)

重度の障害があると、多くの介護・支援が必要となります。急なサービス提供にも対応できるよう、包括的なサポートを行います。

●より日常生活が困難な人を総合的にサポート

重度障害者等包括支援は、居宅支援サービスの１つで、**特に介護の必要性が高い場合に利用**できます。重度の障害のある人が、安心して地域での生活が続けられることを目的としたもので、複数のサービスを個別に申し込む煩雑さがないよう便宜が図られた支援といえます。

具体的には、利用者の必要に応じた計画に基づき、**居宅介護**、**重度訪問介護**、**同行援護**、**行動援護**、**生活介護**、**短期入所**、**自立訓練**、**就労移行支援**、**就労継続支援**、**共同生活援助**などのサービスを組み合わせて利用することができます。しかし、サービスを提供する事業者にとっては負担が大きく、事業者数が少ないという現状があり、地域によっては利用しにくいケースが見られるという課題も残されています。

●３つの分類で利用対象者を規定

対象となるのは、**障害によって常に介護を必要とする状態**にあり、**意思の疎通に著しく支障がある人**です。さらに、**四肢すべてに麻痺があって寝たきりの状態、もしくは知的障害・精神障害によって行動に著しい困難がある場合**に限り、サービスの利用が認められます。

障害支援区分が６で、著しく意思疎通が困難とされた場合、該当者は**３種類の類型**に分けられます。１つは、筋ジストロフィーや脊椎損傷などで、人工呼吸器による呼吸管理を行っている人の**Ⅰ類型**。２つめは重症心身障害など、重度の知的障害のある人の**Ⅱ類型**。３つめは強度行動障害など、行動が著しく困難な人の**Ⅲ類型**です。それぞれの類型ごとに、詳細な認定調査項目が定められています。

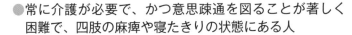

重度障害者等包括支援の対象者

対象者

- 常に介護が必要で、かつ意思疎通を図ることが著しく困難で、四肢の麻痺や寝たきりの状態にある人
- 知的障害または精神障害により行動が著しく困難な人

具体的には、障害支援区分が６（児童は区分６に相当する支援）に該当し、意思疎通が著しく困難で、次のいずれかに該当する人

Ⅰ類型

(1) 障害支援区分６の「重度訪問介護」対象者
(2) 医師意見書の「身体の状態に関する意見」の「麻痺」における「左上肢、右上肢、左下肢、右下肢」において、いずれも「ある」に認定されている（軽、中、重のいずれかにチェックされていること）
(3) 認定調査項目「起居動作　寝返り」において「全面的な支援が必要」と認定されている
(4) 認定調査項目「特別な医療　レスピレーター」において「ある」と認定されている
(5) 認定調査項目「認知機能　コミュニケーション」において「日常生活に支障がない」以外に認定されている

Ⅱ類型

(1) 概況調査において知的障害の程度が「最重度」と確認
(2) 障害支援区分６の「重度訪問介護」対象者
(3) 医師意見書の「身体の状態に関する意見」の「麻痺」における「左上肢、右上肢、左下肢、右下肢」において、いずれも「ある」に認定されている（軽、中、重のいずれかにチェックされていること）
(4) 認定調査項目「起居動作　寝返り」において「全面的な支援が必要」と認定されている
(5) 認定調査項目「認知機能　コミュニケーション」において「日常生活に支障がない」以外に認定されている

Ⅲ類型

(1) 障害支援区分６の「行動援護」対象者
(2) 認定調査項目「認知機能　コミュニケーション」において「日常生活に支障がない」以外に認定されている
(3) 障害支援区分の認定調査項目のうち行動関連項目等（12 項目）の合計点数が 10 点以上（児童の場合は相当する支援）である人

一時的に介護が受けられない場合に利用できる（短期入所）

日頃、介護にあたっている家族が不在となるとき、短期間だけ施設に入るサービスです。食事や入浴などの必要な介護が受けられます。

●家族に代わって介護を行う施設サービス

短期入所は、障害のある人が自宅で生活することをサポートするサービスの１つで、**ショートステイ**とも呼ばれます。通常は在宅で介護を受けている人が、家族の都合で介護を受けられない状況となるとき、**一時的に施設に保護して介護・支援**を行います。

サービスを利用できるケースは、**介護を行う家族が病気になったとき**だけでなく、**冠婚葬祭や出産、公的行事への参加**などがあります。また、**旅行など家族の介護疲れを解消したり、リフレッシュを目的とした利用（レスパイトケア）**も認められています。

このサービスは利用する施設によって、障害者支援施設で実施される**福祉型**、病院や診療所、介護老人保健施設で実施される**医療型**の、２つのタイプがあります。いずれの施設でも必要に応じて、食事や入浴、排せつ、着替えなどの介助、見守りや支援が受けられます。

●身体の状況によって利用施設が決まる

短期入所を利用できる対象者は「福祉型」「医療型」とも、それぞれに決められています。**福祉型**では、**障害支援区分が１以上**であること。**医療型**は、**遷延性意識障害のある人、筋萎縮性側索硬化症などの運動ニューロン疾患の分類に属する疾患がある重症心身障害のある人**などです（児童を含む）。

このサービスは突発的に必要となる場合が多いため、すぐに利用する予定がなくても、事前に利用申請をしておくことができます。利用可能な日数は、市町村ごとに異なります。利用料とは別に、食費、光熱水費などが**実費負担**となるので注意が必要です。

短期入所（ショートステイ）の対象者

対象者

福祉型

障害者支援施設などで実施

- 障害支援区分が１以上の障害者
- 障害児に必要とされる支援の度合いに応じて、厚生労働大臣が定める区分における区分１以上の児童

医療型

病院、診療所、介護老人保健施設で実施

遷延性意識障害児・者、筋萎縮性側索硬化症（ALS）などの運動ニューロン疾患の分類に属する疾患を有する人および重症心身障害児・者など

短期入所事業者の形態

併設型

指定障害者支援施設、児童福祉施設など、入浴、排せつ、食事などの支援を行う入所施設に併設されていて、指定短期入所の事業を行う事業所として、指定障害者施設などと一体的に運営を行っている事業所

空床利用型

利用されていない指定障害者支援施設などの全部あるいは一部の居室で、入浴、排せつ、食事など、指定短期入所の事業を行う事業所

単独型

指定障害者支援施設など以外の施設で、利用者に利用されていない居室で、入浴、排せつ、食事など、指定短期入所事業を行う事業所

単独型の場合、居室の基準として以下が定められています。

- 定員４人以下
- 地階は設けることができない
- 利用者１人当たりの床面積は 8㎡以下（収納設備などを除く）
- ブザーもしくはこれに代わる設備を設けている

入院での介護や訓練など昼間の生活をサポート（療養介護）

病院などの医療機関に入院している人のためのサービスです。医学的なケアと同時に、常に介護が必要な人の日常生活を支援します。

● 長期入院を希望する人のための介護サービス

自立支援給付は、障害のある人が住み慣れた自宅・地域で暮らし続けるためのサポートを基本としています。しかし、中には医療機関での療養管理や、医学的管理による看護・介護を必要とする場合もあります。どうしても自立した生活が難しいときは、医療機関などで療養を続けることも、重い障害のある人には有用な選択となるのです。

こうした長期の入院生活を送る人が利用できるサービスが、主に**日中の生活を支援する療養介護**です。また、医療にかかわるものは**療養介護医療**として提供されます。具体的には、病院で行われる機能訓練やレクリエーション、療養管理、看護の他、医学的な管理下での介護、食事や入浴、着替えなどの介助、日常生活に関する相談・支援が受けられます。

● 医療的ケアと介護の両方が必要な人のために

療養介護の利用対象となるのは、**病院などで長期の入院による医療的ケアに加えて、常時の介護を必要としている人**です。

さらに、❶筋萎縮性側索硬化症（ALS）など、気管切開を伴う人工呼吸器による呼吸管理を行っている人で障害支援区分が6、❷筋ジストロフィーまたは重度の心身障害のある人で障害支援区分が5以上、いずれかに該当することが条件となります。

支給決定には有効期間がありますが、療養介護では状況に応じて1カ月から3年の間で決定されます。有効期間が3年であっても、モニタリングは6カ月ごとに行われ、利用計画が見直されます。また、短期入所と同様、利用料の他に、食費・日用品費などの**実費負担**があります。

療養介護の対象者

対象者

- 長期的な入院による医療と介護が必要な人の中で、筋萎縮性側索硬化症（ALS）などによって気管切開を行っているため人工呼吸器を使用し、障害支援区分が６の人
- 筋ジストロフィー、重症心身障害者の中で、障害支援区分が５以上の人

療養介護のサービス内容

病院などの医療機関に入院している人に対して、以下のような支援を行う

食事、入浴、排せつ、着替えなどの日常生活動作の介助

筋肉の衰えの進行を遅らせるための機能訓練

病院など

その他の看護

日常生活上の相談

介護保険制度にも、「短期入所療養介護」というサービスがあります。これは、医療機関や介護老人保健施設などが、療養が必要な高齢者を短期間受け入れ、食事や入浴などの世話や機能訓練などを行うサービスです。

コラム

「療養介護」と「短期入所療養介護」の違い

「療養介護」が障害者福祉制度におけるサービスなのに対し、「短期入所療養介護」は介護保健制度におけるサービスです。「短期入所療養介護」は医療機関や介護老人福祉施設などが、常に療養が必要な人を短期間受け入れ、入浴や食事などの日常生活の支援や機能訓練などを行います。

生活から創作活動まで支援する施設でのサービス(生活介護)

常に介護を必要とする人が、充実した日常生活を送れるようサポートします。創作・生産活動の機会を提供することが大きな特徴です。

●介護・支援にとどまらずQOL(生活の質)向上を目指す

生活介護は、昼間の生活をサポートするサービスの1つで、**障害者支援施設などに通って利用**します。このサービスの目的は、**自立の促進、生活の改善、身体機能の維持向上を目指す**ことで、障害のある人が積極的に社会参加できるよう、多角的なサポートが受けられます。

具体的には、食事や入浴などの介護、生活に関する相談や助言、日常生活上の支援が受けられます。また、調理・洗濯・掃除などの家事を行うなど、身体機能や生活能力の向上のために必要な援助の他、創作的活動、生産活動は必ず行うことになっています。

創作活動や生産活動は、手芸など自主製品の制作やパン・菓子などの製造など、施設によって実に多様です。地域密着の請負作業や企業からの内職を行っているケースもありますが、就労支援とは異なります。

●生活をしている場所や年齢で対象が異なる

生活介護を利用できるのは、原則として**常時の介護を必要としている人**です。対象となるのは、在宅で日常生活を送っている人だけでなく、施設に入所していても利用できます。

具体的には、**障害支援区分が3以上**であること。**障害者支援施設に入所する場合は区分4以上が対象**です。また、**利用する人が50歳以上の場合は障害支援区分が2以上**、**障害者支援施設に入所する場合は区分3以上**で利用可能となります。さらに、障害者支援施設に入所する人で、上記の障害支援区分に該当しない場合も、市町村の判断によって利用の組み合わせの必要性が認められることもあります。

生活介護の対象者

対象者

地域や入所施設において、安定した生活を営むため、常に介護などの支援が必要な人

＋

❶ 障害支援区分が３以上（障害者支援施設に入所する場合は区分４以上）

❷ 年齢が 50 歳以上の場合は、障害支援区分が２以上（障害者支援施設に入所する場合は区分３以上）

❸ 障害者支援施設に入所する人で、障害支援区分が４（50 歳以上の場合は区分３）より低い人のうち、指定特定相談支援事業者によるサービス等利用計画の作成手続きを経た上で、市町村が利用の組み合わせを必要と認めた人

生活介護のサービス内容

- 散歩、映画鑑賞など余暇活動のための援助
- 入浴、食事、排せつなどの生活支援
- 身体機能の向上に必要な援助（リハビリ）
- 調理、洗濯、掃除などの家事支援
- 部品の組み立て、パンの製造など製造活動の機会の提供
- 日常生活に関する相談、助言
- 陶芸、絵画、書道など創作的活動の機会の提供
- その他、日常生活上の支援

障害者支援施設など

施設には「生活支援員」がいて、障害者の自立の促進、生活の改善、身体機能の維持向上を目的とした様々なサポートを行っています。

施設で暮らす人に夜間の介護までサポートする（施設入所支援）

施設に入居する人が、夜間を中心に日常生活の介護や支援を受けられるサービスです。自立訓練や就労支援と組み合わせて利用します。

●障害者支援施設で夜間ケアまで一体的に

施設入所支援は、居住の場を提供するサービスの１つで、**夜にも介護ケアなどが必要な人に対応するもの**です。障害者支援施設を生活の場所として、入浴や食事、着替えなどの介助、食事の提供、生活に関する相談・助言、健康管理といった日常生活のサポートを受けることができます。

かつて、障害のある人が入所する場としては「更生施設」「療護施設」「授産施設」などがありました。入所施設を利用すると、日中の訓練などは基本的に入所先で実施されるものしか受けられず、心身の状態に合った支援でないという場合もありました。このような不都合を解消するために施設入所支援が設置され、訓練など日中の活動と暮らす施設を分けることで、各人の状態に合ったサービスを選べるようにしたのです。

●同時に日中活動の場があることが前提

対象となるのは、**介護などの必要性から障害者支援施設に入居する人**です。あわせて、生活介護、自立訓練または就労移行支援など、**日中活動のサービスを利用する必要**があります。

具体的には、**生活介護を受けている人で障害支援区分が４以上（50歳以上の場合は３以上）**であること。**自立訓練や就労移行支援などの訓練等を受けていて**、❶入所しながら訓練などを行う必要があり、かつ効果的と認められる人、❷地域の障害福祉サービスの提供体制の状況や、やむを得ない事情によって通所での訓練などが困難な人も対象となります。また、障害支援区分が４（50歳以上の場合は３）より低い人でも、市町村の判断で施設入所支援を組み合わせた利用が必要と認められる場合もあります。

施設入所支援の対象者

❶ 生活介護を受けていて、障害支援区分が 4 以上の人（50 歳以上の場合は区分 3 以上の人）

❷ 自立訓練または就労移行支援を受けていて、入所しながら訓練などを実施することが必要かつ効果的であると認められた人。または地域における障害福祉サービスの提供体制の状況、その他やむを得ない事情により、通所によって訓練などを受けることが困難な人

❸ 生活介護を受けていて、障害支援区分が 4（50 歳以上の場合は区分 3）より低い人のうち、指定特定相談支援事業によるサービス等利用計画案の作成手続きを経た上で、市町村が利用の組み合わせの必要性を認めた人

❹ 就労継続支援 B 型を受けている人のうち、指定特定相談支援事業者によるサービス等利用計画案の作成を経た上で、市町村が利用の組み合わせの必要性を認めた人

施設入所対象のサービス内容

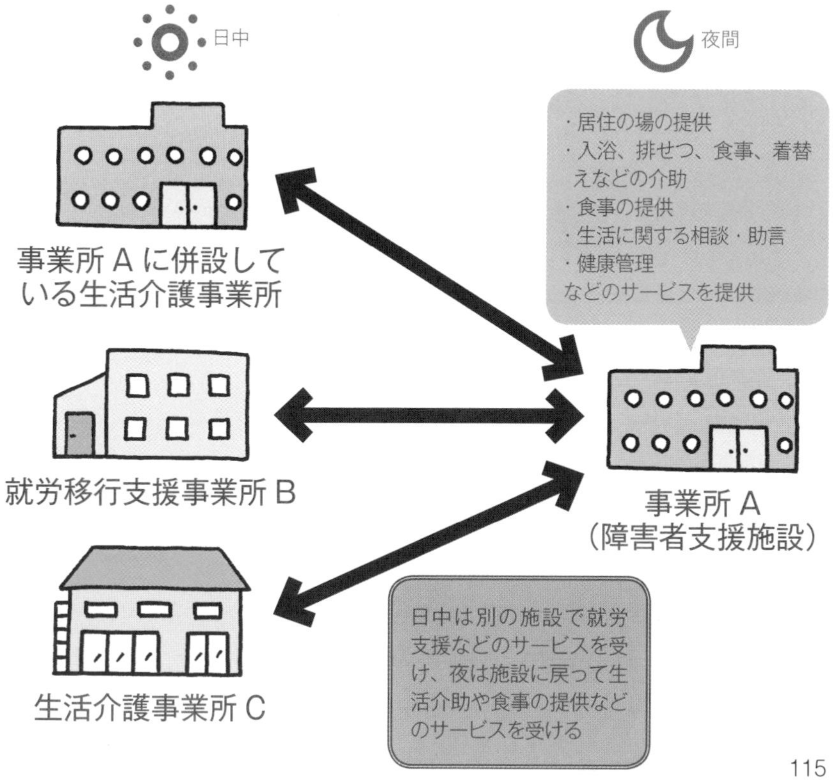

機能訓練や生活訓練で地域生活を支える（自立訓練）

自分の住み慣れた地域で暮らし続けるために必要な体の機能や生活能力について、専門職の訓練によって維持・向上を目指します。

●住み慣れた地域で暮らすための２つの訓練

自立訓練は、障害のある人が住み慣れた地域での生活を営む上で、体の機能や生活能力の維持あるいは向上を目的に行われるものです。自立訓練には、**機能訓練**と**生活訓練**の２つがあります。

機能訓練

身体障害のある障害者に対し、障害者支援施設やサービス事業所で、あるいは障害者本人の居宅を訪問することによって、**理学療法や作業療法、その他、機能訓練に必要なリハビリテーションを行い、生活などに関する相談や助言、その他の必要な支援**を行います。

生活訓練

知的障害または精神障害のある障害者に対して、障害者支援施設やサービス事業所で、あるいは障害者本人の居宅を訪問することによって、**入浴、排せつ、食事などに関する自立した日常生活を営むために必要な訓練、生活などに関する相談や助言、その他の必要な支援**を行います。

●対象者は訓練の種類で異なる

自立訓練の対象者は、機能訓練と生活訓練で異なります。

機能訓練／地域生活を営む上で、身体機能・生活能力の維持・向上などのため、一定の支援が必要な身体障害者、または難病を患っている人

生活訓練／地域生活を営む上で、生活能力の維持・向上などのため、一定の支援が必要な知的障害者・精神障害者

なお介護給付とは異なり、訓練等給付では対象者として障害支援区分を問われることはありません。

「機能訓練」と「生活訓練」

機能訓練

対象：身体に障害のある人または難病を患っている人

内容：障害者支援施設や居宅において、リハビリテーションや歩行訓練、家事の練習などの実践的なトレーニングや、生活に関する相談・助言などの支援を行う

標準期間：18ヵ月

宿泊型：なし

生活訓練

対象：知的障害または精神障害のある人

内容：障害者支援施設や居宅において、入浴、排せつ、食事など、自立した生活のために必要なことを身につける訓練や、生活に関する相談・助言などの支援を行う

標準期間：24ヵ月

宿泊型：あり

宿泊型とは、生活訓練の中で、施設などを利用しながら日常生活能力を向上するための支援などを行うこと。夜間や宿泊を通じた訓練も実施

利用できる期間はそれぞれ18ヵ月、24ヵ月と定められていますが、在宅生活に移行した後も、6ヵ月以上相談などは受けることができます。

自立訓練（生活訓練）事業の内容（例）

利用期間	3カ月	3～6ヵ月目	6～9ヵ月目	9～12ヵ月目	12ヵ月目以降
サービス管理責任者の役割	生活課題の設定と利用者への働きかけ	アセスメント・モニタリング	個別支援計画	地域で暮らすための物件探しなど	地域への引き継ぎ
利用者	日中の活動 食事の準備 金銭の管理 服薬の管理　など ➡	課題の遂行 ➡	移行後の生活を見通したアセスメント ➡	家族との調整 家財の購入 引越の手続き　など ➡	一般住宅への移行

障害者が一人暮らしをする上で抱える悩みをサポート(自立生活援助)

障害者が安心して一人暮らしができるよう、地域生活支援員が居宅を訪問して相談や必要な情報提供、助言などの支援を行います。

●障害者の一人暮らしを支援する「自立生活援助」

自立生活援助とは、障害者が一人暮らしを始めたときに、生活や健康のことや生活をしていく上での様々な手続きなどについて、定期的な巡回訪問などを通じて必要な助言をしたり、関係機関との連絡調整などの支援を行うことで、**障害者の暮らしの安心、安全を確保するサービス**です。**基本的に、週に1回以上の頻度で地域生活支援員が障害者の居宅を訪問します**。自立生活援助には原則として1年という標準利用期間が設けられていますが、令和3年度の報酬改定により、1年間を超えてさらにサービスが必要な場合には、市町村審査会の個別審査を得た上で更新することが可能となっています。

●サービスの実施要件と提供体制

自立生活援助の対象となる障害者については、次のように定められています。

- 障害者支援施設やグループホーム、精神科病院等から地域での一人暮らしに移行した障害者等で、理解力や生活力等に不安がある人
- 一人暮らしをしており、自立生活援助による支援が必要な人
- 障害や病気のある家族と同居しており、家族による支援が見込めないため、実質的に一人暮らしと同様の状況であり、自立生活援助による支援が必要な人

基本的に、週に1回以上の頻度で地域生活支援員が障害者の居宅を訪問します。この他にも、利用者からの通報があった場合も居宅に訪問したり、電話での対応を行います。また、自立生活援助では、仕事や日常生活などで生じる悩みなどのほか、高齢になった両親の介護に関することなど、障害者が一人暮らしをする上で抱える様々な悩みに対応しています。

地域生活への移行に向けた支援の流れ

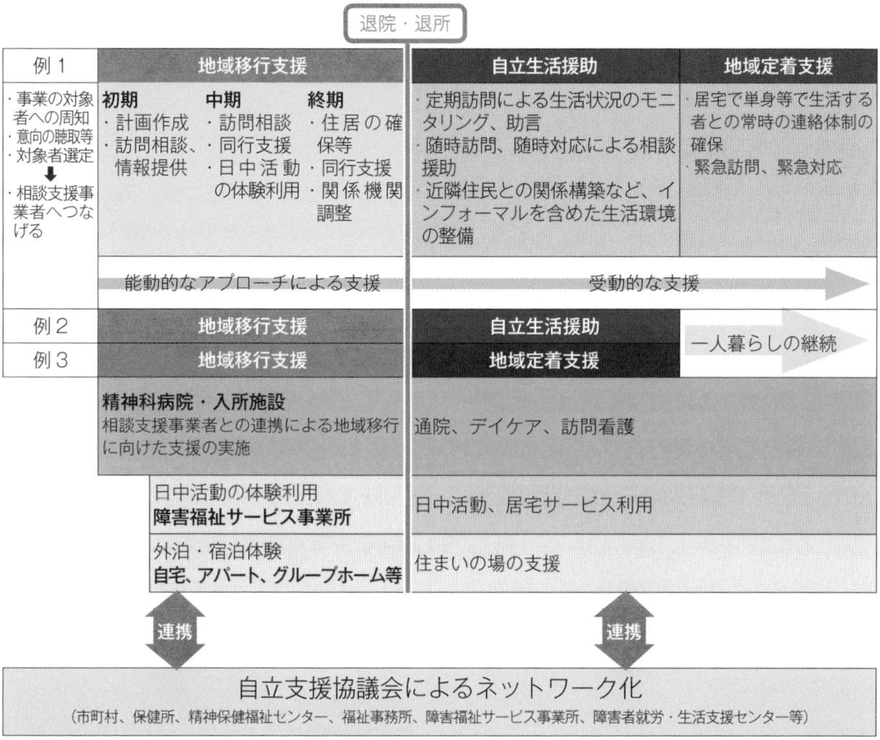

個別支援計画の例

利用者名	東京花子	年月日	●●年×月▲日	事業者名	××

総合的な援助方針	なるべく活動的に過ごし、地域で一人暮らしを継続する自信をつけることができるよう支援します。
長期目標	一人暮らしを安定して続けることができる。
短期目標	一人暮らしでも、入所中と変わらず食事や買い物ができる。

具体的到達目標	本人の役割	支援内容	支援期間（頻度・時間・期間等）	担当者
インスタントやお菓子だけですませず、きちんと食事ができる。毎日家事ができる。	スーパーなどの場所を覚え、自分のペースで家事を行う。	スーパーなどの場所が覚えられるように、時には一緒に行き、買い物を共に行う。家事について助言を行う。	定期訪問：週1回（1年間）	中村

一般企業などへの就職を支援する（就労移行支援）

就労は、障害者の自立した生活の大きな課題です。そこで、通常の事業所で働きたいという人を支え就労を後押しするサービスがあります。

●職場体験や定着支援など多彩な内容

障害のあるなしにかかわらず、仕事をするというのは、住み慣れた地域で生活をするためにとても大切なことです。このため地域社会や自治体、広くは国のレベルにおいても、働きたいと望む障害者を受け入れて、持続的に仕事ができるような体制や仕組み作りに取り組んでいます。

こうしたサービスの１つが、**就労移行支援**です。このサービスは、**働くことを希望する65歳未満の障害者**で、通常の事業所で仕事をすることが可能と見込まれる人に対して、次のような支援を行います。

- 生産活動
- 職場体験、その他の活動の機会の提供、その他の就労に必要な知識および能力の向上のために必要な訓練
- 求職活動に関する支援
- 適性に応じた職場の開拓
- 就職後における職場への定着のために必要な相談
- その他の必要な支援

なおサービスの利用期間は、利用者ごとに標準期間２年以内など、**一定の制限期間**があります。

● 65歳未満の人がサービスの対象

就労移行支援の対象となるのは❶就労を希望するものの単独で就労することが困難であるため、就労に必要な知識および技術の習得もしくは就労先の紹介その他の支援が必要な65歳未満の人、❷あん摩マッサージ指圧師免許、はり師免許または灸師免許を取得することにより、就労を希望する人です。

就労移行支援の流れ

通所初期	通所中期	通所後期	フォロー期
		就職	就職後6ヵ月
●基礎体力の向上 ●集中力や持続力などの習得 ●適性や課題の把握 など	●職業習慣の確立 ●マナー、あいさつ、身なりなどの習得　など ●職場の見学・実習 ●実践的トレーニング など	●求職活動 ●トライアル雇用　など	●職場への定着をサポート ●就職後の相談・助言 など

↕ 連携

地域障害者職業センター

ジョブコーチなど
専門的な支援

ハローワーク

職業紹介
求人活動支援
求人の開拓

↓

・試行雇用事業
・障害者委託訓練
・職場適応訓練　など

・障害者雇用納付金制度に基づく各種助成金
・特定求職者雇用開発助成金

企業

就労移行支援を受けて一般の企業に就職した人は、6ヵ月間は継続的な支援を受けることができます。その後も、職場に定着するよう、最大36ヵ月間利用できます。

就労支援事業所で働きながら一般企業への就職を目指す（就労継続支援A型）

働く意欲があるけれどなかなか就労できない人や、少しの支援があれば仕事ができる人の就労継続を支えるサービスです。

●賃金や雇用期間などメリットの多い就労支援

就労継続支援は、一般企業で仕事をすることを望むものの、それが難しい人をサポートするサービスです。これには２つのタイプが用意され、就労継続支援Ａ型（雇用型）と、就労継続支援Ｂ型（非雇用型）があります。

就労継続支援Ａ型（雇用型）では、障害者と事業者との間で雇用契約を結び、その事業者の運営する事業所で働きながら、就労を継続するための知識や能力の向上に必要な訓練などを受けるというものです。

就労継続支援Ａ型（雇用型）における雇用契約では、労働基準法に準じた仕事を行うため、賃金もその地域の最低賃金が保障されるのは、たいへん大きなメリットです。

また就労移行支援のように就職するまでの期間が定められていないので、時間をかけて就労に必要な知識や能力、経験をつむことができるのもこのサービスの特長です。

●サービスの対象となる３つの例

対象となるのは、企業などに就労することが困難な人で、雇用契約に基づいて、継続的に就労することが可能な65歳未満の人（利用開始時65歳未満）。具体的には次のような例が挙げられます。

❶ 就労移行支援事業を利用したが、企業などの雇用に結びつかなかった人

❷ 特別支援学校を卒業して就職活動を行ったが、企業などの雇用に結びつかなかった人

❸ 企業などを離職した人など就労経験のある人で、現時点で企業などとの雇用関係がない人

就労継続支援A型の事業内容

通常の企業で働くことが困難な、身体的、精神的、知的障害のある人や難病の人に、働く場を提供する事業のこと。利用者が実際に働く場所を､就労継続支援Ａ型事業所という。利用者は、実際の作業を通じて、職業技能や体調管理能力、コミュニケーション能力などを身につけ、最終的に一般就労を目指す

事業内容

- **雇用契約に基づき、生産活動やその他の活動の機会を提供する**
- **就労に必要な知識や能力の習得訓練**

継続型就労支援作業所（就労継続支援を行う事業所）には、様々なものがあり、農作業やパソコン作業、パンや総菜を作る、イラストを描くなど、その作業内容も多岐にわたります。

就労継続支援A型の対象者

対象者

❶ 就労移行支援事業を利用したが、一般企業などへの雇用に結びつかなかった人
❷ 特別支援学校を卒業後、就職活動をしたが一般企業への雇用に結びつかなかった人
❸ 一般企業に一度就職したが離職したなど、就労経験があり、現在は雇用関係の状態にない人

※いずれも、65 歳未満の人が対象で、利用期間は制限なし

就労に必要な能力

日常生活の管理	対人技能	労働習慣	職業適性
• 健康・体調管理 • 食事の管理 • 服装の管理 • 金銭の管理 • 日常生活の過ごし方の管理	• あいさつ • 感情のコントロール • お礼・謝罪の仕方	• あいさつ・返事 • 規則の厳守 • 仕事をこなす体力	• 職務を遂行するための知識・能力 • 職業への適性

雇用契約を結ばずに就労の機会と支援を受ける(就労継続支援B型)

事業者と雇用契約を結ばず、仕事をしながら就労支援を受けることのできるサービスが就労継続支援Ｂ型(非雇用型)です。

●仕事場所と自分の居場所を合わせたイメージ

就労継続支援Ａ型（雇用型）では、障害者と事業者が契約を結び、事業者の運営する施設で働きながら支援を受けます。これに対して**就労継続支援Ｂ型（非雇用型）**では、**障害者と事業者の間では雇用関係は結ばれず**、施設に通いながら就労や生産活動の機会の提供を受けます。イメージとしては、**働く場とその人の居場所を合わせたような支援**となります。

その上で、一般企業で働くために必要な知識や能力に向上が見られた場合には、就労に向けての支援を受けることができます。

●就労継続支援Ｂ型（非雇用型）の対象者

支援の対象となるのは、**就労移行支援事業などを利用したものの、一般企業などへの雇用に結びつかない人**。一定年齢に達している人などで、就労の機会などを通じて、生産活動に必要な知識や能力の向上・維持が期待される人です。具体的には次のような例が挙げられます。

❶就労経験がある人で、年齢や体力の面で一般企業に雇用されることが困難となった人

❷就労移行支援事業を利用（暫定支給決定での利用を含む）した結果、Ｂ型の利用が適当と判断された人

❸上記に該当しない、50歳に達している人または障害基礎年金１級受給者

❹上記のいずれにも該当しない人で、就労移行支援事業者などによるアセスメントで、就労面にかかわる課題などが把握されている利用希望者

❺障害者支援施設の入所者で、指定特定相談支援事業者によるサービス等利用計画案の作成の手続きを経て、市町村が利用の必要性を認めた人

就労継続支援B型の事業内容

通常の企業で働くことが困難な、身体的、精神的、知的障害のある人や難病の人に、働く場を提供する事業のこと。ただし、事業者と利用者との間に雇用契約は結ばない。利用者が実際に働く場所を、就労継続支援 B 型事業所という。利用者は、実際の作業を通じて、職業技能や体調管理能力、コミュニケーション能力などを身につけ、最終的に一般就労を目指す

事業内容

- **雇用契約を結ばず、生産活動やその他の活動の機会を提供する**
- **就労に必要な知識や能力の習得訓練**

就労継続支援B型の対象者

対象者

❶ 就労経験があり、年齢や体力の面などで一般企業で働くことが困難になった人
❷ 就労移行支援事業を利用した結果、B 型が適当と判断された人
❸ ❶、❷に該当しない人で、50 歳以上の人、または障害基礎年金 1 級受給者

※利用期限は制限なし

就労継続支援 A 型事業所は働くことを中心としていますが、B 型事業所は働く場と集いの場が一緒になっていて、レクリエーションなどを行っているところもあります。

就労継続支援A型とB型の違い

	メリット	デメリット
就労継続支援 A 型	• 雇用契約を結ぶため、最低賃金が保障される • 一般企業への就職者が B 型より多い	• 事業所の数が B 型に比べて少ない • 年齢制限（65 歳未満）がある
就労継続支援 B 型	• A 型より、比較的自由に働くことができる • 年齢制限がない • 事業所の数が A 型より多い	• 雇用契約を結ばないため、比較的賃金が安い

グループホームで暮らす人を支えるサービス（共同生活援助[グループホーム]）

障害のある人の、地域における大切な生活の場・住まいがグループホームです。そこでの生活を支えるサービスが、共同生活援助です。

●グループホームでの暮らしを幅広く支える

共同生活援助は、障害のある人の中でも、施設ではなくグループホームで生活をしている人に対して提供されるサービスです。主なサービス内容は、以下のようになります。

・相談援助
・入浴、排せつ、食事の介護
・健康管理
・金銭管理にかかわる支援
・余暇活動の支援
・緊急時の対応
・就労先または障害福祉サービス事業者などとの連絡調整

●日中活動をしている障害者が対象

サービスの対象となるのは、基本的に生活介護や就労継続支援などの日中活動をしている障害者です。ただし身体障害者については、65歳未満の人または65歳に達する日の前日までに障害福祉サービスもしくは、これに準ずるものを利用したことがある人に限られています。具体的には次のような例が挙げられます。

❶単身での生活は不安があるため、一定の支援を受けながら地域で暮らしたい人
❷一定の介護が必要だが、施設ではなく地域で暮らしたい人
❸施設を退所して地域での生活に移行したいが、いきなりの単身生活に不安がある人

共同生活援助（グループホーム）の事業内容

グループホームとは、身体的・知的・精神的に障害のある人が世話人の支援を受けながら、地域のアパートや一戸建てなどで生活する住居のこと。ここで生活している障害者に対し、主に夜間において入浴や排せつ、食事の介護など生活上の援助や、相談・助言などを行うサービスを、共同生活援助という

共同生活援助（グループホーム）の対象者

対象者

障害のある人（身体障害者に関しては、65 歳未満の人。または 65 歳に達する日の前日までに障害福祉サービスか、もしくはこれに準ずるものを利用したことのある人に限る）

このサービスでは、実際の介護というより、孤立の防止や生活への不安の軽減、身体・精神的安定などが期待されています。

共同生活援助（グループホーム）のイメージ

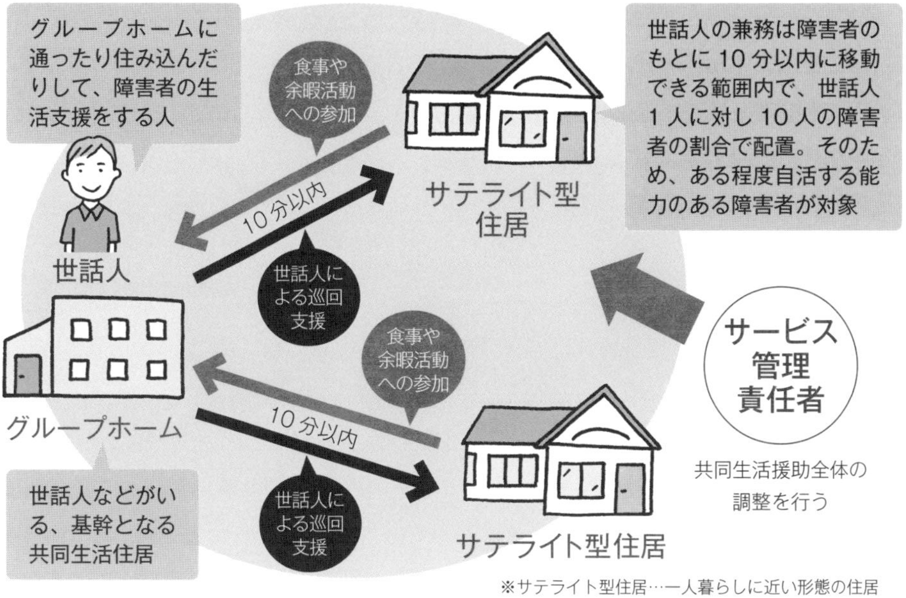
グループホームに通ったり住み込んだりして、障害者の生活支援をする人
世話人
食事や余暇活動への参加
10 分以内
世話人による巡回支援
サテライト型住居
世話人の兼務は障害者のもとに 10 分以内に移動できる範囲内で、世話人 1 人に対し 10 人の障害者の割合で配置。そのため、ある程度自活する能力のある障害者が対象
グループホーム
世話人などがいる、基幹となる共同生活住居
食事や余暇活動への参加
10 分以内
世話人による巡回支援
サテライト型住居
サービス管理責任者
共同生活援助全体の調整を行う

※サテライト型住居…一人暮らしに近い形態の住居

障害者の医療費負担を軽減する（自立支援医療）

心身に障害のある人が、それらを取り除くために受けた医療費について、公費の支援により治療を受けた人の自己負担を軽減します。

●法律ごとに分かれた支援を統合

自立支援医療制度は、**心や体の障害を除去・軽減するための医療について、障害者による医療費の自己負担額を軽減することを目的とした公費負担医療制度**です。

以前は、身体障害者は身体障害者福祉法、身体障害児は児童福祉法、精神障害者は精神保健福祉法と、3つの異なる法律による制度でしたが、それぞれの法律ごとに申請や支給の手続きが異なり、利用者にとってわかりにくいものであったことから、**障害者自立支援法の施行とともに統合**されました。この制度は、身体障害者に対する**更生医療**（P130 ～）、障害児に対する**育成医療**（P132 ～）、精神障害者に対する**精神通院医療**（P134 ～）の3つに分かれています。**自己負担額はいずれも原則1割負担**で、所得や状態などによって、**負担額の上限も定められています**。

●支援の対象となる主な障害と治療例

自立支援医療の対象となる主な障害とそれらについての治療例には、次のようなものがあります。

更生医療および育成医療

ア）肢体不自由…関節拘縮／人工関節置換術

イ）視覚障害…白内障／水晶体摘出術

ウ）内部障害…心臓機能障害／弁置換術、ペースメーカー埋込術
　　　　　　　腎臓機能障害／腎移植、人工透析

精神通院医療

精神疾患／向精神薬、精神科デイケアなど

自立支援医療における利用者負担の基本的な枠組み

	所得区分					
	一定所得以上 ＝ 市町村民税23万5000円以上	中間所得 ＝ 市町村民税課税以上～23万5000円未満		低所得		生活保護世帯
		中間所得2 ＝ 市町村民税課税3万3000円以上～23万5000円未満	中間所得1 ＝ 市町村民税課税以上～3万3000円未満	低所得2 ＝ 市町村民税非課税（本人収入が80万1円以上）	低所得1 ＝ 市町村民税非課税（本人収入が80万円以下）	
更生医療	対象外	医療保険の高額療養費		5000円	2500円	0円
精神通院医療						
育成医療		1万円	5000円	5000円	2500円	0円
重度かつ継続	2万円	1万円	5000円	5000円	2500円	0円

利用者の負担が過大になりすぎないよう、所得に応じて1ヵ月当たりの負担額を設定（これに満たない場合は1割負担）。また、費用が高額な治療を長期にわたり継続しなければならない（重度かつ継続）人、育成医療の中間所得層については、さらに軽減措置がなされる

重度かつ継続とは……

対象となるのは、「更生医療」と「育成医療」では、腎臓機能・小腸機能・免疫機能・心臓機能障害（心臓移植後の抗免疫療法に限る）・肝臓の機能障害（肝臓移植後の抗免疫療法に限る）の人。「精神通院医療」では、統合失調症、躁うつ病・うつ病、てんかん、認知症などの脳機能障害、薬物関連障害（依存症など）の人、または精神医療に一定以上の経験を有する医師が判断した人とされます。また、疾病などにかかわらず、高額な費用負担が継続することで対象となる人も含まれます。

18歳以上の障害者に対し医療費の一部を負担(更生医療)

治療や手術などによって、障害の症状改善が確実に期待できる 18 歳以上の人に対して、公費で費用の一部を負担します。

●診察や手術、看護などが支給対象

更生医療は、身体障害者福祉法第 4 条に規定する身体障害者で、その障害を除去・軽減する手術などの治療によって確実に効果が期待できる 18 歳以上の人に対し、更生のために必要な自立支援医療費の支給を行うものです。注意したいのは、更生医療の給付を受けるには、身体障害者手帳が必要なことです。一方で、障害児を対象にした育成医療の給付には身体障害者手帳は必要ありません。このため、育成医療を受けていた人が 18 歳になり、それまでの有効期間が終わり更生医療に切り替える場合などには、事前に身体障害者手帳取得の申請をしておいてください。

更生医療の支給対象となる医療の内容は以下の通りです。

- 診察、薬剤
- 治療材料
- 医学的処置
- 手術
- 居宅、入院における看護
- 移送費（医療保険により給付を受けることのできない人の移送のみ）

●支給認定の判定は障害者更生相談所が行う

更生医療の実施主体は、市町村となります。このため申請の受付や受給者証の交付は市町村が行います。一方で支給認定の判定を行うのは身体障害者更生相談所です。なお、身体障害者更生相談所は、身体障害者手帳交付にかかわる事務の他、障害者に対する専門的な立場からの相談や指導などを行っています。

更生医療の対象となる障害と治療の例

障害		標準的な治療の例
視覚障害		•白内障 → 水晶体摘出手術 •網膜剥離 → 網膜剥離手術 •瞳孔閉鎖 → 虹彩切除術 •角膜混濁 → 角膜移植術
聴覚障害		•鼓膜穿孔 → 穿孔閉鎖術 •外耳性難聴 → 形成術
言語障害		•外傷性または手術後に生じる構音障害 → 形成術 •唇顎口蓋裂に起因した音声・言語機能障害を伴う者であって鼻咽腔閉鎖機能不全に対する手術以外に歯科矯正が必要な者 → 歯科矯正
肢体不自由		•関節拘縮、関節硬直 → 形成術、人工関節置換術など
内部障害	心臓	•先天性疾患 → 弁口、心室心房中隔に対する手術 •後天性心疾患 → ペースメーカー埋込み手術
	腎臓	•腎臓機能障害 → 人工透析療法、腎臓移植術（抗免疫療法を含む）
	肝臓	•肝臓機能障害 → 肝臓移植術（抗免疫療法を含む）
	小腸	•小腸機能障害 → 中心静脈栄養法
	免疫	•ＨＩＶによる免疫機能障害 → 抗ＨＩＶ療法、免疫調節療法、その他ＨＩＶ感染症に対する治療

更生医療の対象となるのは、その障害が継続するものであること、また治療については、確実な効果が期待できるものに限られる

申請の流れ

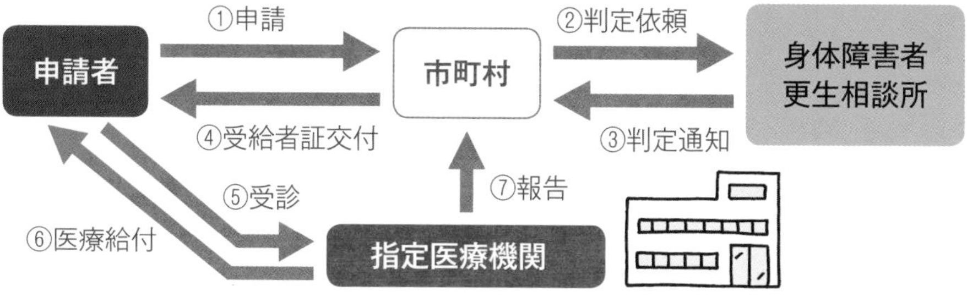

障害のある子どもたちの医療を支援する（育成医療）

障害のある子どもで、治療によって障害の除去や軽減ができる人に対して、医療費の一部を公費で負担するのが育成医療です。

●障害児と、治療をしないと障害が残る児童が対象

育成医療は、児童福祉法第４条第２項に規定する障害児や、治療を行わないと将来障害を残すと認められる疾患がある児童で、手術などの治療によって、障害を確実に除去・軽減ができる人に対し、生活の能力を得るために必要な自立支援医療費の支給を行うものです。

児童を対象とする育成医療給付の対象は、18歳までとなっています。このため、それ以後も医療が必要な場合は、更生医療の支援を受けることができます。

育成医療の支給対象となる医療の内容は以下の通りです。

- 診察、薬剤
- 治療材料
- 医学的処置
- 手術
- 居宅、入院における看護
- 移送費（医療保険により給付を受けることのできない人の移送のみ）

●まずは市町村の担当課やMSWに相談

育成医療の実施主体は、市町村です。このため申請の受付や受給者証の交付は市町村が行います。育成医療が必要だと認められると、その世帯の所得を確認したうえで、月ごとの負担上限額などの認定が行われます。

市町村によっては、育成医療の自己負担分を補助する独自の給付を行っている場合もあります。このため申請の際には、医療機関のソーシャルワーカー（MSW）や市町村の担当課に確認・相談をするとよいでしょう。

育成医療の対象となる障害と治療の例

障害		標準的な治療の例
視覚障害		• 白内障、先天性緑内障
聴覚障害		• 先天性耳奇形 → 形成術
言語障害		• 口蓋裂等 → 形成術 • 唇顎口蓋裂に起因した音声・言語機能障害を伴う者であって、鼻咽腔閉鎖機能不全に対する手術以外に歯科矯正が必要な者 → 歯科矯正
肢体不自由		• 先天性股関節脱臼、脊椎側彎症、くる病（骨軟化症）などに対する関節形成術、関節置換術、および義肢装着のための切断端形成術など
内部障害	心臓	• 先天性疾患 → 弁口、心室心房中隔に対する手術 • 後天性心疾患 → ペースメーカー埋込み手術
内部障害	腎臓	• 腎臓機能障害 → 人工透析療法、腎臓移植術（抗免疫療法を含む）
内部障害	肝臓	• 肝臓機能障害 → 肝臓移植術（抗免疫療法を含む）
内部障害	小腸	• 小腸機能障害 → 中心静脈栄養法
内部障害	免疫	• ＨＩＶによる免疫機能障害→抗ＨＩＶ療法、免疫調節療法、その他ＨＩＶ感染症に対する治療
内部障害	その他の先天性内臓障害	• 先天性食道閉鎖症、先天性腸閉鎖症、鎖肛、巨大結腸症、尿道下裂、停留精巣（睾丸）など → 尿道形成、人工肛門の造設などの外科手術

障害児（障害にかかわる医療を行わないと、将来障害を残すと認められる疾患がある児童を含む）が対象。その身体障害を除去、軽減する手術などの治療によって確実に効果が期待できること、またそれにより生活の能力を得ることが前提

コラム

特別支援学級とは

障害の程度が軽度であっても、一般学級での教育では十分な教育効果を上げることが難しい児童生徒のために設置された学級のこと。

精神疾患で通院をしている人の負担を軽減（精神通院医療）

精神疾患の治療のために医療機関に通院をしている人に対して、医療費の一部を公費で負担することで、障害者の負担を軽減します。

●通院しての治療が対象

精神通院医療は、精神保健および精神障害者福祉に関する法律第５条に規定する統合失調症、精神作用物質による急性中毒、その他の精神疾患（てんかんを含む）があり、通院による精神医療を継続的に要する病状にある人に対して、通院して治療を受けることにかかわる自立支援医療費の支給を行うものです。

通院医療という名前の通り、この給付は通院に対して行われるため、入院して受ける医療は対象となっていません。

一方で、上記の精神疾患についてすでに治療が行われて効果があり、症状がほとんど出ていない障害者でも、再発予防のために通院する必要のある人は対象となります。

●実施主体は都道府県だが、窓口は市町村

精神通院医療の実施主体は、都道府県です。このため支給認定は都道府県が行いますが、申請を希望する人は、市町村を経由して都道府県に申請をする形となります。つまり実際の申請窓口や認定後の受給者証の発送などは、市町村となります。

対象となる精神疾患は、「病状性を含む器質性精神障害」や「精神作用物質使用による精神および行動の障害」「神経症性障害、ストレス関連障害および身体表現性障害」など 11 の対象疾患が示されています。

なお、これらの対象疾患にうつ病は含まれていますが、いわゆるうつ状態や単なる不眠などの場合は、病気としてのうつ病とは認められませんので、精神通院医療の対象にはなりません。

精神通院医療の対象となる精神疾患

対象となる精神疾患		
1	病状性を含む器質性精神障害	「重度かつ継続」の高額治療継続者の対象疾患
2	精神作用物質使用による精神および行動の障害	
3	統合失調症、統合失調症型障害および妄想性障害	
4	気分障害	
5	てんかん	
6	神経症性障害、ストレス関連障害および身体表現性障害	
7	生理的障害および身体的要因に関連した行動症候群	
8	成人の人格および行動の障害	
9	精神遅滞	
10	心理的発達の障害	
11	小児期および青年期に通常発症する行動および情緒の障害	

病院への支払いの他、薬局、往診、デイケア、訪問看護の費用も対象となります。

再発予防のための通院が必要な人も対象。通院に対する給付のため、入院して受ける医療は対象外

対象外

- 入院医療の費用
- 公的医療保険が対象とならない治療、投薬などの費用（例：病院や診療所以外でのカウンセリング）
- 精神障害と関係のない疾患の医療費

この制度で医療費の軽減が受けられるのは、各都道府県または指定都市が指定した「指定自立支援医療機関」（病院・診療所、薬局、訪問看護ステーション）で、受給者証に記載されたものに限られます。

自立支援医療を受けるための手続き（申請先と必要書類）

自立支援医療の給付を希望する人は、それぞれに定められた書類などを用意した上で、市町村の窓口に給付の申請を行いましょう。

●自立支援医療は、申請しないと受けられない

更生医療・育成医療・精神通院医療の３つがある自立支援医療に関して最も重要なことは、これらはいずれも利用を希望する人が申請をしないと受けられないということです。

このためまず、自分が自立支援医療を申請できるかどうかを確認することが大切です。わかりにくいときや、申請にあたって不安なことがある場合は、医療機関のソーシャルワーカー（MSW）や、市町村の障害福祉担当の窓口、地域の社会福祉協議会などに相談するとよいでしょう。

●それぞれの申請の概略

更生医療

申請先は市町村。必要な書類は、認定申請書、更生医療を主として担当する医師の作成する意見書、身体障害者手帳の写し、所得確認のできる資料など。

育成医療

申請先は市町村。必要な書類は、認定申請書、育成医療を主として担当する医師の作成する自立支援医療意見書、所得確認のできる資料など。

精神通院医療

❶支給認定の申請のみを行う場合

申請先は市町村（実施主体は都道府県）。必要な書類は、認定申請書、医師の診断書、所得確認のできる資料など。

❷手帳の交付と併せて支給認定の申請を行う場合

申請先は市町村（実施主体は都道府県）。必要な書類は、認定申請書、医師による精神障害者保健福祉手帳用の診断書、所得確認のできる資料など。

自立支援医療の申請先と必要書類

			精神通院医療	
	更生医療	育成医療	支給認定の申請のみを行う	手帳の交付と支給認定の申請を同時に行う
申請先	市町村	市町村	市町村（実施主体は都道府県）	
必要書類①	認定申請書	認定申請書	認定申請書	
必要書類②	更生医療を主として担当する医師の作成する意見書	育成医療を主として担当する医師の作成する自立支援医療意見書	• 医師の診断書：指定自立支援医療機関において精神障害の診断・治療を行う医師によるもの • 「重度かつ継続」に関する医師の意見書：高額治療継続者は必要	• 医師の診断書：精神保健指定医のほか、精神障害の診断、治療を行う医師で、指定自立支援医療機関において精神通院医療を担当する医師による、精神障害者保健福祉手帳用の診断書 • 「重度かつ継続」に関する医師の意見書：高額治療継続者は必要
必要書類③	医療保険の加入が確認できるもの（被保険者証・被扶養者証・組合員証など） ※受診者および受診者と同一の世帯に属する人全員の名前が記載されていること			
必要書類④	受診者の属する世帯の所得状況が確認できる資料 例）• 市町村民税の課税状況が確認できる資料 • 生活保護受給世帯または支援給付受給世帯の証明書 • 市町村民税非課税世帯は受給者にかかわる収入の状況が確認できる資料			
必要書類⑤	身体障害者手帳の写し	—	—	—
必要書類⑥	腎臓機能障害に対する人工透析療法の場合は、特定疾病療養費受療証の写し		—	—
備考	申請書に受診者本人のマイナンバーの記載が必要	申請書に保護者のマイナンバーの記載が必要	申請書に受診者本人と受診者が18歳未満の場合は保護者のマイナンバーの記載が必要	

更生医療・育成医療・精神通院医療の「自立支援医療」は、利用を希望する人が申請をしないと受けられません。申請にあたって不安なことがある場合は、医療機関のソーシャルワーカー（MSW）や、市町村の障害福祉担当の窓口、地域の社会福祉協議会などに相談しましょう。

補装具の購入・修理の費用の一部を補助（補装具費支給制度）

障害のある人の自立した生活を支える、大切なものの 1 つが補装具です。これについて、購入や修理の費用の一部を補助します。

●補装具の定義と 3 つの要件

補装具とは、体に障害のある人が装着することにより、失われた体の一部、あるいは機能を補完するものの総称です。補装具については、その種類が厚生労働大臣によって定められており、以下 3 つの要件をすべて満たすことが求められます。

❶身体の欠損または損なわれた身体機能を補完し、代替するもので、障害個別に対応して設計・加工されたもの

❷身体に装着（装用）して日常生活または就学・就労に用いるもので、同一製品を継続して使用するもの

❸給付に際して専門的な知見（医師の判定書または意見書）を要するもの

●原則 1 割負担で所得に応じた上限額も

補装具費支給制度の対象者は、補装具を必要とする障害者、障害児、難病患者など（難病患者などについては、政令に定める疾病に限る）と定められています。

補装具の購入や修理を希望する人は、支給制度の実施主体である市町村に費用支給の申請を行います。市町村はこれを受けて、身体障害者更生相談所などの意見をもとに、補装具費の支給を行うことが適切だと認められた場合に支給を決定します。

この支給制度を利用すると、補装具の購入や修理に関する利用者の自己負担は原則 1 割となり、所得に応じて負担の上限額も決められます。ただし、障害者本人または世帯員のうち市町村民税所得割額の最多納税者の納税額が 46 万円以上の場合は、補装具費の支給対象外となります。

補装具の種類

肢体不自由	義手、義足、上肢装具、下肢装具、体幹装具、靴型装具、座位保持装置、車椅子、電動車椅子、座位保持椅子、起立保持具、歩行器、歩行補助つえ、重度障害者用意思伝達装置、排便補助具（児童のみ対象）、頭部保持具（児童のみ対象）
視覚障害	盲人安全つえ、義眼、眼鏡
聴覚障害	補聴器

上に挙げた補装具の種類は、それぞれ材質や形状、用途などによって、料金が細かく分かれています。詳しくは、各市町村で確認しましょう。

補装具費の支給の仕組み

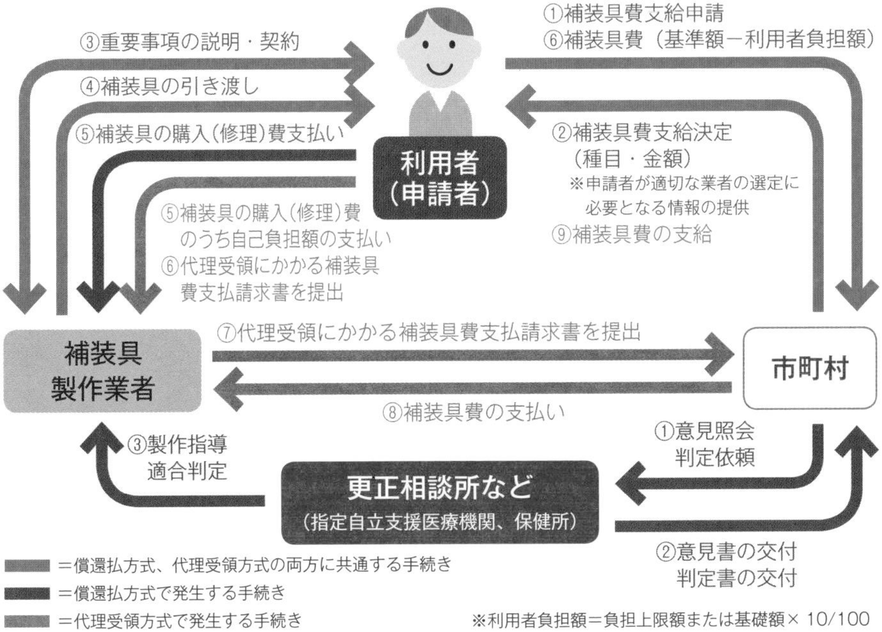

※利用者負担額＝負担上限額または基礎額× 10/100

補装具費の支給申請手続きは２通りあります。１つは償還払方式で、利用者（申請者）がいったん製作業者に全額支払い、その後、市町村に支払い請求をする方法。もう１つは代理受領方式で、利用者（申請者）が負担額のみ製作業者に支払い、残りの支給額について製作業者が市町村に請求して支払ってもらうという方法です。

その人が暮らす地域のニーズに合わせた支援（地域生活支援事業について）

自立支援給付が全国どこでも受けられるサービスなのに対し、地域ごとのニーズに合った支援を提供するのが地域生活支援事業です。

●生活者に身近な市町村が中心となる生活支援

地域生活支援事業は、障害のある人が、住み慣れた地域で個人としての尊厳を持って日常生活や社会生活を営むことができるよう、住民に最も身近な市町村を中心に様々な生活支援を行うというものです。

市町村と都道府県は、地域で生活をする障害者のニーズを踏まえて、その人が暮らす地域の実情に応じた柔軟な事業形態での実施ができるよう、自治体の創意工夫によって事業の詳細を決定し、支援の取り組みを行います。

このため、地域生活支援事業の内容は、それぞれの都道府県や市町村に委ねられており、地域ごとの障害福祉計画によって定められます。

●必須事業と任意事業

地域生活支援事業は、市町村が行う市町村地域生活支援事業と、都道府県が行う都道府県地域生活支援事業の２つに分かれています。

市町村地域生活支援事業は、相談支援事業や移動支援事業、地域活動支援センターや成年後見制度など、直接、地域で暮らす障害者の生活に結びつく支援を提供します。これらの事業には、全国どの市町村でも必ず実施しなければならない必須事業と、市町村の判断によって地域の障害者の自立や社会参加に必要と認められる任意事業があります。

一方で、都道府県が行う地域生活支援事業は、専門性の高い相談支援事業、専門性の高い意思疎通支援を行う人の養成や派遣を行う事業、意思疎通支援を行う人の派遣にかかわる市町村相互の連絡調整を行う事業、広域的な対応が必要な事業などが必須事業となっており、市町村をサポートする支援が中心になっています。

市町村が行う支援事業（一部）

必須事業
理解促進・啓発事業
自発的活動支援事業
相談支援事業 ❶ 障害者相談支援事業 ❷ 基幹相談支援センター等機能強化事業 ❸ 住宅入居等支援事業（居住サポート事業）
成年後見制度利用支援事業
成年後見制度法人後見支援事業
意思疎通支援事業
日常生活用具給付等事業
手話奉仕員養成研修事業
移動支援事業
地域活動支援センター ❶ 地域活動支援センター基礎的事業 ❷ 地域活動支援センター機能強化事業

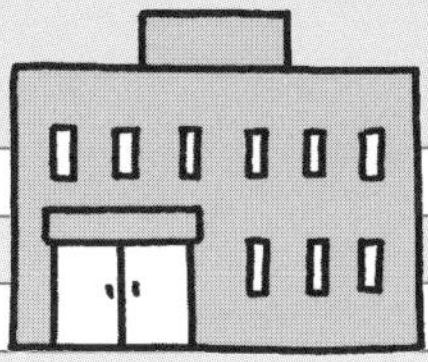

都道府県が行う支援事業（一部）

必須事業
専門性の高い相談支援事業 ❶ 発達障害者支援センター運営事業　❷ 高次脳機能障害およびその関連障害に対する支援普及事業 ❸ 障害児等療育支援事業　❹ 障害者就業・生活支援センター事業
専門性の高い意思疎通支援を行う人の養成研修事業 ❶ 手話通訳者・要約筆記者養成研修事業 ❷ 盲ろう者向け通訳・介助員養成研修事業
専門性の高い意思疎通支援を行う人の派遣事業
意思疎通支援を行う人の派遣にかかわる市町村相互の 連絡調整事業
広域的な支援事業 ❶ 都道府県相談支援体制整備事業 ❷ 精神障害者地域生活支援広域調整等事業
サービス・相談支援者、指導者育成事業 ❶ 障害支援区分認定調査員等研修事業　❷ 相談支援従事者研修事業　❸ サービス管理責任者研修事業 ❹ 居宅介護従事者等養成研修事業 ❺ 強度行動障害支援者養成研修（基礎研修）事業

小児慢性特定疾病児童等自立支援事業については任意事業の実施率が低いことから、法改正によって必須事業である「相談支援事業」に加えて、任意事業である「実態把握事業」「療養生活支援事業」「相互交流支援事業」「就職支援事業」「介護者支援事業」「その他の事業」が努力義務化されることになります。

障害者や家族に対する情報提供や助言（相談支援事業）

障害者やその家族が、住み慣れた地域で様々なサービスを利用しながら自立した生活を送るために、必要な情報提供や助言をします。

●情報提供や助言の他、虐待防止や権利擁護も担う

相談支援事業は、地域で生活をする障害者の福祉に関する様々な問題について、障害者やその家族などからの相談に応じ、必要な情報の提供や助言、その他の障害福祉サービスの利用支援などにつなげるサービスです。また、虐待の防止や早期発見のための関係機関との連絡調整、障害のある人の権利擁護のために必要な援助も行います。

こうした相談支援事業を効果的に実施するためには、地域において障害のある人たちやその家族を支えるネットワークの構築が不可欠であることから、市町村は相談支援事業を実施するにあたっては地域自立支援協議会を設置して中立・公平な相談支援事業を実施する他、地域の関係機関との連携強化、社会資源の開発・改善などを推進します。

●相談支援事業の内容と基幹相談支援センター

相談支援事業の具体的内容には、以下のものがあります。

❶福祉サービスの利用援助（情報提供、相談など）
❷社会資源を活用するための支援（各種支援施策に関する助言・指導など）
❸社会生活力を高めるための支援
❹ピアカウンセリング
❺権利の擁護のために必要な援助
❻専門機関の紹介

相談支援事業を適切に行うために、相談支援の中核となる基幹相談支援センターを市町村に設置するのが望ましいとされ、市町村単独で設置が難しい場合には、複数の市町村での設置も認められています。

基幹相談支援センターの役割イメージ

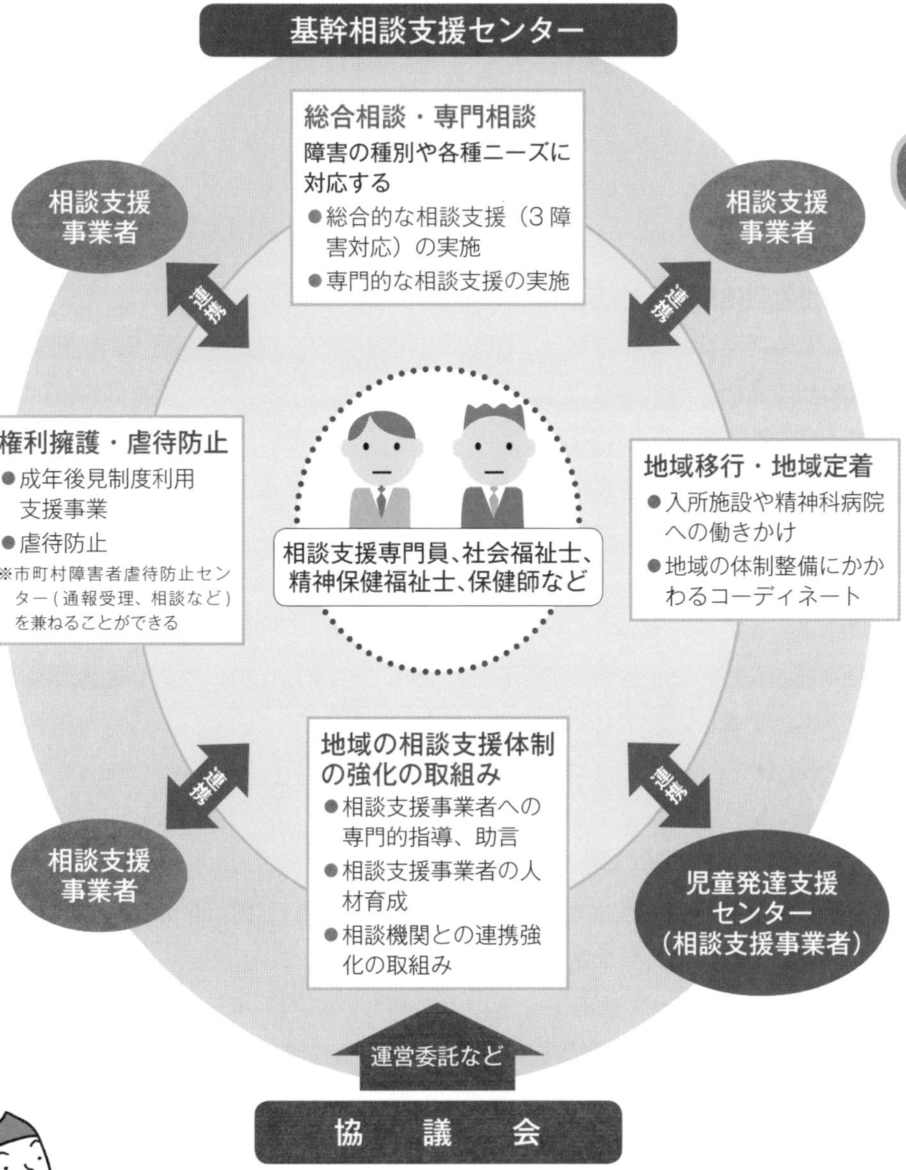

基幹相談支援センターは、地域の相談支援の拠点として総合的な相談業務（身体障害・知的障害・精神障害）および成年後見制度利用支援事業を実施し、地域の実情に応じて業務を行います。

障害者の生活に欠かせない用具の給付や貸与(日常生活用具給付等事業)

障害のある人たちの日常生活を支えるために必要な日常生活用具について、給付や貸与をすることを目的とした事業です。

● 日常生活用具の3つの要件

日常生活用具給付等事業は、障害のある人たちの日常生活が、より円滑に行われるための用具を給付または貸与することなどにより、福祉の増進に資することを目的としています。

日常生活用具給付等事業における日常生活用具とは、以下のように規定されています。

用具の要件

❶障害者などが安全かつ容易に使用できるもので、実用性が認められるもの

❷障害者などの日常生活上の困難を改善し、自立を支援し、かつ、社会参加を促進すると認められるもの

❸用具の製作、改良または開発にあたって障害に関する専門的な知識や技術を要するもので、日常生活品として一般に普及していないもの

● 6種類の生活用具を給付または貸与

日常生活用具給付等事業では、上記の定義をすべて満たすもので、以下の6種類の用具を給付または貸与します。

用具の用途および形状

❶介護・訓練支援用具／特殊寝台、特殊マットなど

❷自立生活支援用具／入浴補助用具、聴覚障害者用屋内信号装置など

❸在宅療養等支援用具／電気式たん吸引器、盲人用体温計など

❹情報・意思疎通支援用具／点字器、人工喉頭など

❺排せつ管理支援用具／ストーマ装具など

❻居宅生活動作補助用具／障害者等の居宅生活動作などを円滑にする用具

日常生活用具の例

介護、訓練支援用具
〈　〉内は対象者

特殊寝台、特殊マット、特殊尿器、入浴担架、体位変換器、移動用リフト、訓練いす（障害児のみ）、訓練用ベッド（障害児のみ）**〈下肢または体幹機能障害〉**

在宅療養等支援用具
〈　〉内は対象者

- 透析液加温器 **〈腎臓機能障害など〉**
- ネブライザー（吸入器）**〈呼吸器機能障害など〉**
- 電気式たん吸引器 **〈呼吸器機能障害など〉**
- 酸素ボンベ運搬車 **〈在宅酸素療法者〉**
- 盲人用体温計（音声式）、盲人用体重計 **〈視覚障害〉**

実施主体は市町村で、利用者負担は市町村によって異なります。

排せつ管理支援用具
〈　〉内は対象者

ストーマ装具（ストーマ用品、洗腸用具）、紙おむつなど（紙おむつ、サラシ・ガーゼなど衛生用品）、収尿器ストーマ造設者**〈高度の排便機能障害者、脳原性運動機能障害かつ意思表示困難者、高度の排尿機能障害者〉**

自立生活支援用具
〈　〉内は対象者

- 入浴補助用具、便器 **〈下肢または体幹機能障害〉**
- 頭部保護帽、T字状・棒状のつえ、移動・移乗支援用具 **〈平衡機能または下肢もしくは体幹機能障害〉**
- 特殊便器 **〈上肢障害〉**
- 火災警報機、自動消火器 **〈障害種別にかかわらず火災発生の感知、避難が困難〉**
- 電磁調理器、歩行時間延長信号機用小型送信機 **〈視覚障害〉**
- 聴覚障害者用屋内信号装置 **〈聴覚障害〉**

情報・意思疎通支援用具
〈　〉内は対象者

- 携帯用会話補助装置 **〈音声言語機能障害〉**
- 情報・通信支援用具（障害者向けのパーソナルコンピュータ周辺機器やアプリケーションソフト）**〈上肢機能障害または視覚障害〉**
- 点字ディスプレイ **〈盲ろう、視覚障害〉**
- 点字器、点字タイプライター、視覚障害者用ポータブルレコーダー、視覚障害者用活字文書読上げ装置、視覚障害者用拡大読書器、盲人用時計 **〈視覚障害〉**
- 聴覚障害者用通信装置、聴覚障害者用情報受信装置 **〈聴覚障害〉**
- 人工喉頭 **〈喉頭摘出者〉**
- 福祉電話（貸与）**〈聴覚障害または外出困難〉**
- ファックス（貸与）**〈聴覚または音声機能もしくは言語機能障害で、電話では意思疎通困難〉**
- 視覚障害者用ワードプロセッサー（共同利用）、点字図書 **〈視覚障害〉**

居宅生活動作補助用具
〈　〉内は対象者

住宅改修費 **〈下肢、体幹機能障害または乳幼児期非進行性脳病変〉**

手話通訳や要約筆記で意思疎通を支援する(意思疎通支援事業)

障害や難病によって意思の疎通を図ることが難しい人に対し、手話通訳や要約筆記でコミュニケーションを支援する事業です。

●手話通訳者や要約筆記者の設置や派遣

意思疎通支援事業(コミュニケーション支援事業)は、聴覚、言語機能、音声機能、視覚、失語、知的、発達、高次脳機能、重度の身体などの障害や難病のため、意思の疎通を図ることに支障がある人を対象にしたものです。

手話通訳や要約筆記などの方法によって、障害者とその他の人とのコミュニケーションを支援する手話通訳者、要約筆記者などの派遣等を行い、意思疎通の円滑化を図ることを目的としています。

具体的な事業内容としては、手話通訳者、要約筆記者を派遣する事業、手話通訳者を設置する事業、点訳、代筆、代読、音声訳等による支援事業など、コミュニケーションを図ることに支障がある障害者などとその他の人との意思疎通を支援します。

●意思疎通支援事業における「手話通訳者」や「要約筆記者」

❶手話通訳者

(ア) 手話通訳士/手話通訳を行う人の知識および技能の審査・証明事業の認定に関する省令に基づき実施された手話通訳技能認定試験に合格し、登録を受けた人

(イ) 手話通訳者/都道府県、指定都市および中核市が実施する手話通訳者養成研修事業において、手話通訳者として登録された人

(ウ) 手話奉仕員/市町村および都道府県で実施する奉仕員養成研修事業において、手話奉仕員として登録された人

❷要約筆記者　都道府県、指定都市および中核市が実施する要約筆記者養成研修事業において、要約筆記者として登録された人

意思疎通支援における市町村と都道府県の役割

これまでは、障害者自立支援法における手話通訳などを行う人の派遣または養成を行う事業については、
①市町村と都道府県が行う事業の専門性の差異が明確ではなく、市町村と都道府県の役割分担が明確でない
②広域的な派遣などについて都道府県の関与が明確でなかった
などの課題がありました。これらを解消するため、障害者総合支援法における地域生活支援事業では、以下のような点を改正しました。

意思疎通支援を行う者の養成（必須事業）

市町村

手話奉仕員の養成

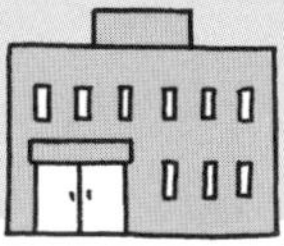

都道府県

手話通訳者、要約筆記者、盲ろう者向け通訳・介助員の養成

意思疎通支援を行う者の派遣（必須事業）

市町村

手話通訳者および要約筆記者の派遣
（点訳、代筆、代読、音声訳等による支援を含む）

都道府県

盲ろう者向け通訳・介助員の派遣、複数市町村の住民が参加する障害者団体などの会議、研修、講演、講義などや専門性の高い分野など市町村が派遣できない場合などにおける手話通訳者および要約筆記者の派遣

さらに都道府県には、意思疎通支援を行う者（手話通訳者および要約筆記者）の派遣にかかわる市町村相互間の連絡調整も必須事業になっています。

地域の特性に合わせた外出や移動の支援（移動支援）

障害のある人が自分の住み慣れた地域で社会参加をするために、必要な外出や移動の支援を、その地域に合った形で提供します。

● 移動を支援することで障害者の社会参加を促進

移動支援は、屋外での移動が困難な障害者について、外出のための支援を行うことにより、地域における自立生活および社会参加を促すことを目的とした事業です。移動支援を実施することによって、地域における社会生活を送る上で欠かすことのできない外出や、余暇活動などの社会参加のための外出の機会を促進します。実施の方法については、それぞれの市町村の判断によって、その地域の特性や利用者の個々の状況・ニーズに応じた柔軟な形態で実施することとされています。

● 想定される具体的な利用形態

移動支援で想定される具体的な利用形態には、以下のものがあります。

❶個別支援型／個別的な支援が必要な人に対するマンツーマンによる支援

❷グループ支援型

（ア）複数の障害者などへの同時支援

（イ）屋外でのグループワーク、同一目的地・同一イベントへの複数人同時参加の際の支援

❸車両移送型

（ア）福祉バスなど車両の巡回による送迎支援

（イ）公共施設、駅、福祉センターなど、障害者などの利便を考慮し、経路を定めた運行、各種行事の参加のための運行など、必要に応じた支援

なお、この事業の対象者は、障害者などであって、市町村が外出時に移動の支援が必要と認めた人とされます。またサービスを提供するのは、サービスを提供するに相応しい者として市町村が認めた人とされています。

移動支援の例

個別支援型

マンツーマンの支援

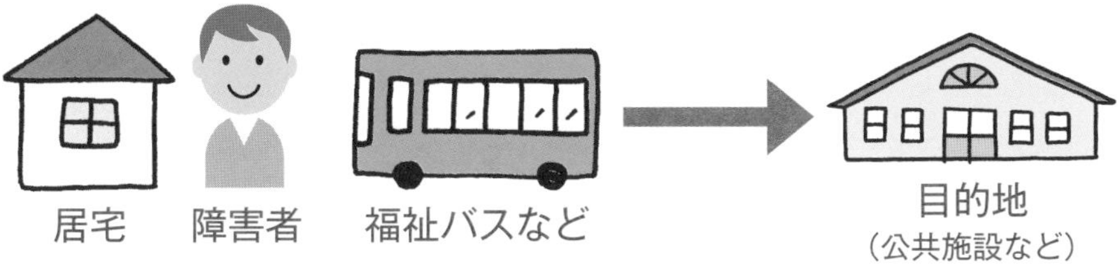

グループ支援型

・複数の障害者などへの同時支援
・屋外グループワークや同一目的地などへの同時支援

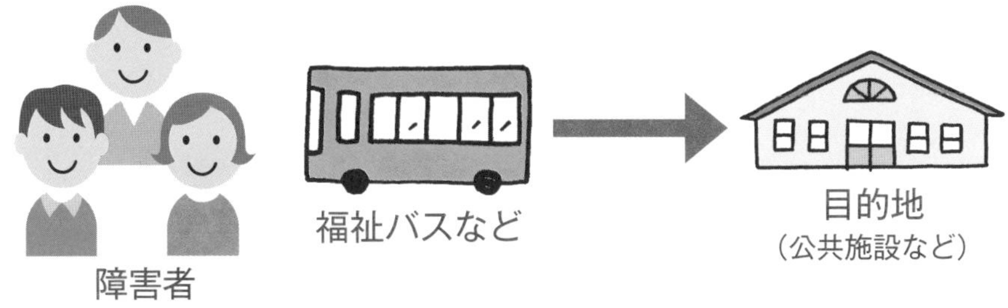

車両移送型

・福祉バスなど車両の巡回による送迎支援
・公共施設や駅、福祉センターなど経路を定めた運行
・各種行事参加の他、必要に応じた支援

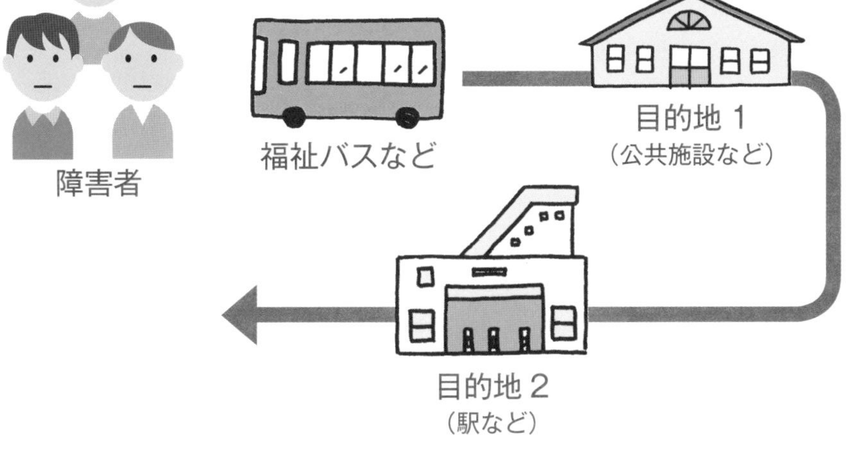

創作的活動や生産活動の機能をさらに充実させる（地域活動支援センター機能強化事業）

利用者に対して、創作的活動や生産活動を提供している地域活動支援センターの機能を強化・充実させるための地域支援事業です。

●地域のニーズに合わせて想定される３つの類型

地域活動支援センター機能強化事業は、**地域活動支援センターの機能をより強化・充実させることによって、地域で暮らす障害のある人たちの地域生活支援の促進を図ることを目的とした事業**です。

地域活動支援センターの基礎的事業は、**利用者に対して創作的活動や生産活動の機会を提供するなど、地域の実情に即した支援を行うこと**です。

地域活動支援センター機能強化事業では、この基礎的事業をさらに強化して提供するために、以下のような３つの類型を設け、地域に合わせた形での事業を実施することが考えられます。

事業形態の例

❶地域活動支援センターⅠ型／専門職員（精神保健福祉士など）を配置し、医療・福祉および地域の社会基盤との連携強化のための調整、地域住民ボランティア育成、障害に対する理解促進を図るための普及啓発などの事業を実施する。なお、相談支援事業を併せて実施または委託を受けていることを要件とする

❷地域活動支援センターⅡ型／地域において雇用・就労が困難な在宅障害者に対し、機能訓練、社会適応訓練、入浴などのサービスを実施する

❸地域活動支援センターⅢ型

（ア）地域の障害者のための援護対策として地域の障害者団体などが実施する通所による援護事業の実績をおおむね５年以上有し、安定的な運営が図られている

（イ）この他、自立支援給付に基づく事業所に併設して実施することも可能である

地域活動支援センターの類型と内容

Ⅰ型

●事業内容

- 医療、福祉および地域の社会基盤との連携強化のための調整
- 地域住民ボランティア育成
- 障害に対する理解促進を図るための普及啓発など

※相談支援事業を併せて実施または委託を受けていることを要件とする

●職員配置

- 専門職員(精神保健福祉士等)を配置
- 基礎的事業によって配置する職員の他に１名以上を配置、うち２名以上常勤

●利用者数等の例

１日当たりの実利用人員がおおむね20名以上

Ⅱ型

●事業内容

- 地域において雇用・就労が困難な在宅障害者に対し、機能訓練、社会適応訓練、入浴などのサービスを実施

●職員配置

- 基礎的事業によって配置する職員の他に１名以上を配置、うち１名以上常勤

●利用者数等の例

１日当たりの実利用人員がおおむね15名以上

Ⅲ型

●事業内容

- 地域の障害者のための援護対策として、地域の障害者団体等が実施する通所による援護事業の実績をおおむね５年以上有し、安定的な運営が図られている
- 自立支援給付に基づく事業所に併設して実施することも可能

●職員配置

- 基礎的事業によって配置する職員のうち１名以上常勤

●利用者数等の例

１日当たりの実利用人員がおおむね10名以上

基礎的事業

利用者に対し創作的活動、生産活動の機会の提供など、地域の実情に応じて行う支援

職員配置：２名以上（１名は専任者）

地域活動支援センターは基礎的事業は共通していますが、３つの類型によって行う活動が異なります。利用する前に、その地域活動支援センターの事業内容を確認しましょう。

専門性の高い相談支援と広域的な対応（都道府県が行う地域生活支援事業1）

地域生活支援事業の中で、発達障害や高次脳機能障害といった専門性の高い障害の相談や広域的な支援事業は、都道府県が行います。

●相談支援や広域対応は都道府県の必須事業

専門性の高い相談支援事業や広域的な対応が必要な事業は、都道府県が行う地域生活支援事業の中でも、必須事業となっています。

専門性の高い相談支援事業

❶発達障害者支援センター運営事業 ／発達障害に関する様々な問題について相談・助言を行い、関係機関との連携強化などによって、発達障害の人への支援体制の整備を推進する。

❷高次脳機能障害支援普及事業／高次脳機能障害を対象とする支援拠点機関を設け、地域で適切な治療や支援サービスが受けられる体制を整備することを目的としている。

❸障害児等療育支援事業／在宅の重症心身障害、知的障害、身体障害がある人の地域における生活を支え、療育機能の充実を図る。

❹障害者就業・生活支援センター事業／障害者の職業生活の自立のため、地域の関係機関との連携のもと、地域での就業および生活における一体的な支援を行う。

広域的な支援事業

❶都道府県相談支援体制整備事業 ／都道府県に、相談支援に関するアドバイザーを配置し、地域のネットワーク構築に向けた指導・調整、地域の相談支援体制の整備を推進する。

❷精神障害者地域生活支援広域調整等事業 ／精神障害者が自立した生活を営むために必要な広域調整、専門性の高い相談支援および事故・災害等発生時に必要な緊急対応を目的とする。

発達障害者支援センター運営事業

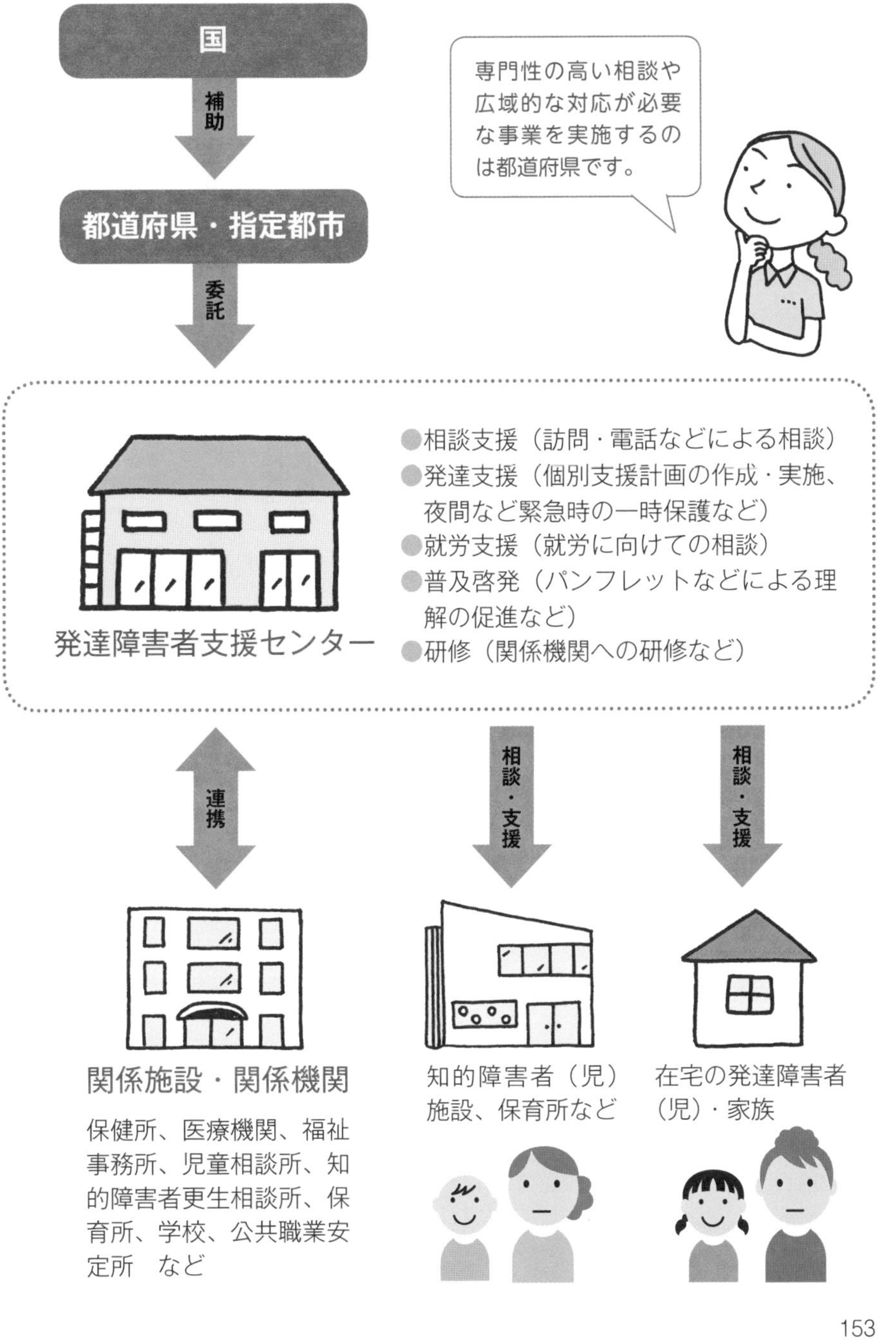

国
補助
都道府県・指定都市
委託
専門性の高い相談や広域的な対応が必要な事業を実施するのは都道府県です。
発達障害者支援センター
●相談支援（訪問・電話などによる相談）
●発達支援（個別支援計画の作成・実施、夜間など緊急時の一時保護など）
●就労支援（就労に向けての相談）
●普及啓発（パンフレットなどによる理解の促進など）
●研修（関係機関への研修など）
連携
相談・支援
相談・支援
関係施設・関係機関
保健所、医療機関、福祉事務所、児童相談所、知的障害者更生相談所、保育所、学校、公共職業安定所　など
知的障害者（児）施設、保育所など
在宅の発達障害者（児）・家族

専門性の高い職種の養成や派遣

(都道府県が行う地域生活支援事業2)

手話通訳者や要約筆記者、盲ろう者向け通訳・介助員など、専門性の高い意思疎通支援を行う人の養成や派遣も都道府県の必須事業です。

●人材の養成・派遣から、市町村間の連絡調整まで

都道府県が行う地域生活支援事業の中で、専門性の高い意思疎通支援に関する事業には次のようなものがあります。

専門性の高い意思疎通支援を行う人の養成研修事業

手話通訳者、要約筆記者、盲ろう者向け通訳・介助員を養成することにより、聴覚、言語機能、音声機能等の障害のため、意思疎通を図ることに支障がある障害者等の自立した日常生活または社会生活を営むことができるようにすることを目的とします。事業内容としては、**手話通訳者・要約筆記者養成研修事業、盲ろう者向け通訳・介助員養成研修事業**があります。

専門性の高い意思疎通支援を行う人の派遣事業

特に**専門性の高い意思疎通支援を行う人を派遣する体制を整備する**ことで、広域的な派遣や市町村での実施が難しい派遣などを可能とし、意思疎通を図ることが困難な障害者などが、自立した日常生活や社会生活を行うことができるようにすることを目的とします。事業内容には、**手話通訳者・要約筆記者派遣事業、盲ろう者向け通訳・介助員派遣事業**があります。

意思疎通支援を行う人の派遣にかかわる市町村相互間の連絡調整事業

手話通訳者、要約筆記者の派遣にかかわる、市町村相互間の連絡調整体制を整備することにより、広域的な派遣を円滑に実施し、聴覚障害者などが自立した日常生活や社会生活を行うことができるようにすることを目的とします。事業内容は、市町村域や都道府県域を越えた広域的な派遣を円滑に実施するために、市町村間では派遣調整ができない場合に、都道府県が市町村間の派遣調整を行うというものです。

手話講師・手話通訳講師養成カリキュラムの内容

●手話講師養成カリキュラム（50 時間）

	時間数		教科名
講義	20 時間	4 時間	企画運営法
		6 時間	教授法
		2 時間	障害学
		2 時間	障害福祉論
		2 時間	聴覚障害運動論
		4 時間	手話通訳論
実技	30 時間	4 時間	テキストのポイント
		10 時間	モデル講座・討議
		12 時間	模擬講座・討議
		4 時間	グループワーク

●手話通訳講師養成カリキュラム（50 時間）

	時間数		教科名
講義	20 時間	4 時間	企画運営法
		8 時間	教授法
		4 時間	手話通訳論
		2 時間	専門職理論
		2 時間	社会福祉援助技術論
実技	30 時間	6 時間	テキストのポイント
		10 時間	モデル講座・討議
		8 時間	模擬講座・討議
		6 時間	グループワーク

講師養成事業に関して、財源不足や養成カリキュラムの講師の高齢化などが課題として挙げられています。

発達障害と「発達障害者支援法」(2)　コラム

発達障害を知ることの重要性

発達障害については、いまだに社会的な認知が低く、様々な誤解が見られます。よく見られる誤解をまとめました。

1. 診断名に対する誤解

発達障害は、知的な遅れを伴う場合から知的な遅れのない人まで、広い範囲を含んでいます。以前は、知的な遅れを伴わない自閉症スペクトラム障害（旧高機能自閉症）、アスペルガー症候群（ASD）、限局性学習障害（旧学習障害／SLD）、注意欠陥多動性障害（AD/HD）などを「知的障害が軽度である」という意味で「軽度発達障害」と称することがありました。現在では、軽度発達障害という言葉は使われなくなってきています。

2. 障害の予後についての誤解

「発達障害は能力が欠如しているから、ずっと発達しない」「発達障害は1つの個性なので、配慮しないままでもそのうち何とかなる」といった考え方も、発達障害に対する大きな誤解です。

発達障害は、「先天的な障害なので、ずっと発達しない」のではなく、**発達の仕方に生まれつき凸凹がある障害**です。このため、成長とともに改善されていく課題もあり、必ずしも不変的なハンディキャップではありません。

一方で、発達障害は1つの個性だから配慮は必要がないというのも誤った見方です。成人になった発達障害者の話を聞くと、小さい頃から配慮が受けられず困難な環境の中で苦労して成長してきたという人が少なくありません。

3. 支援方法についての誤解

発達障害について、「自主性尊重が大事で、大人があれこれ手を出すのは良くない」と考える人がいます。しかし発達障害の人の中には、本人任せにされるよりも、「きちんと教えてもらう」「きちんと止めてもらう」といったことが必要な場合が多くあります。いずれにしても一律的なやり方は適切ではなく、その人に合ったやり方を工夫しなければなりません。

発達障害には、「自閉症スペクトラム」「注意欠陥・多動性障害」「学習障害」があり、それぞれに特徴があります。

Part 5

成年後見制度利用支援事業

障害者総合支援法では、地域支援事業として「成年後見制度利用支援事業」を必須としています。この支援事業の仕組みをはじめ、知的・精神障害者の自立と尊厳を支えるために欠かすことのできない「成年後見制度」の内容について、この章でまとめて詳しく解説します。

成年後見制度の利用促進のため費用を補助（成年後見制度利用支援事業）

障害者が財産や金銭管理で不利益を被らないよう支援する、成年後見制度の利用を促進するため、費用を補助するものです。

●成年後見の利用促進のために

成年後見制度は、**認知症、知的障害や精神障害などで判断力に困難のある人が、財産や資産の管理、金銭にかかわる事柄などにおいて不利益を被らないように後見人を定めて、不十分な判断能力を補うための制度**です。

しかし、制度そのものがまだ広く理解されていないことや、制度を利用するために費用がかかることなどから、制度の利用が進んでいないのが現状です。

そこで、障害福祉サービス利用の観点から、成年後見制度を利用することが有用であると認められる障害者に対し、成年後見制度の利用を支援することにより権利擁護を図ることを目的としているのが**成年後見制度利用支援事業**です。

この制度は2012（平成24）年から、**地域生活支援事業における必須事業**となりました。また、組織として後見人になれる**法人後見**という制度もあり、この法人後見を確保できる体制の整備や、法人後見の活動を支援する**成年後見制度法人後見支援事業**も、必須事業となっています。

●申し立ての経費や後見人への報酬を補助

成年後見制度利用支援事業では、成年後見制度の利用に必要な費用のうち、成年後見制度の申し立てに要する経費（登記手数料、鑑定費用など）および後見人等の報酬などの費用の全部または一部を補助します。

事業の対象者となるのは、**障害福祉サービスを利用し、または利用しようとする知的障害者または精神障害者で、後見人等の報酬など、必要となる経費の一部について補助を受けなければ、成年後見制度の利用が困難であると認められる人**です。

成年後見制度利用支援事業の助成費用の流れ

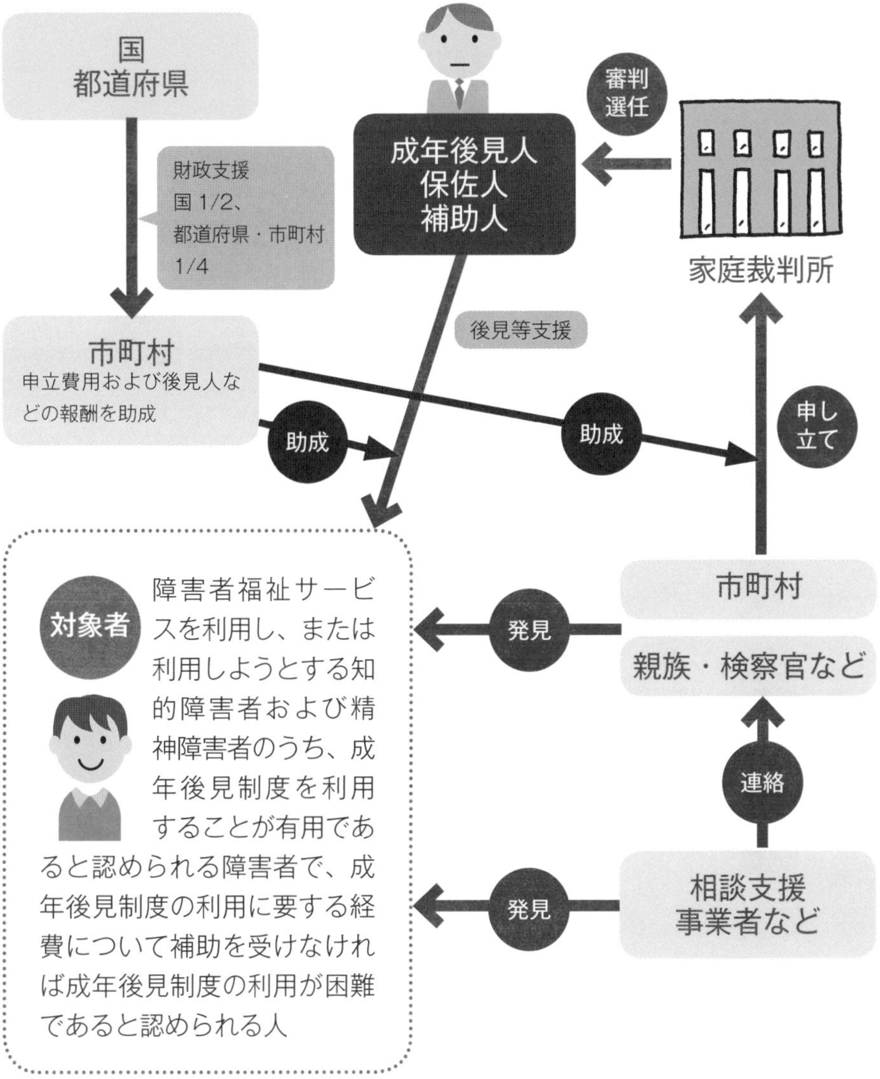

助成費用（厚生労働省令で定める費用）は、成年後見制度の申し立てに要する経費（登記手数料、鑑定費用など）および後見人などの報酬の全部または一部です。

成年後見制度には2つの種類がある（法定後見制度と任意後見制度）

成年後見制度には、家庭裁判所が審判を行う法定後見制度と、本人が代理人を指定する任意後見制度の２種類があります。

●判断能力の不十分な人の財産や権利を守る成年後見制度

認知症、知的障害や精神障害などで判断能力の不十分な人は、財産管理や契約の締結、遺産分割の協議などを自分で行うのが難しい場合があります。あるいは自分に不利益な契約や悪徳商法の被害にあうおそれもあります。このような判断能力の不十分な人を保護・支援するのが成年後見制度です。

●法定後見制度と任意後見制度の違い

成年後見制度は大きく分けると、法定後見制度と任意後見制度の２つがあります。

法定後見制度は、家庭裁判所によって選ばれた成年後見人等（成年後見人・保佐人・補助人）が、本人の利益を考えながら、本人を代理して契約などの法律行為をしたり、本人が自分で法律行為をするときに同意を与えたり、本人が同意を得ないでした不利益な法律行為を後から取り消したりすることによって、本人を保護・支援します。

任意後見制度は、本人が十分な判断能力があるうちに、将来、判断能力が不十分な状態になった場合に備え、あらかじめ自らが選んだ代理人（任意後見人）に、自分の生活、療養看護や財産管理に関する事務について代理権を与える契約（任意後見契約）を、公証人の作成する公正証書で結んでおくというものです。

これにより、本人の判断能力が低下した後に、任意後見人が任意後見契約で決めた事務について、家庭裁判所が選任する任意後見監督人の監督のもと、本人を代理して契約などをすることにより，本人の意思に従った適切な保護や支援を受けることが可能になります。

法定後見制度と任意後見制度

法定後見制度

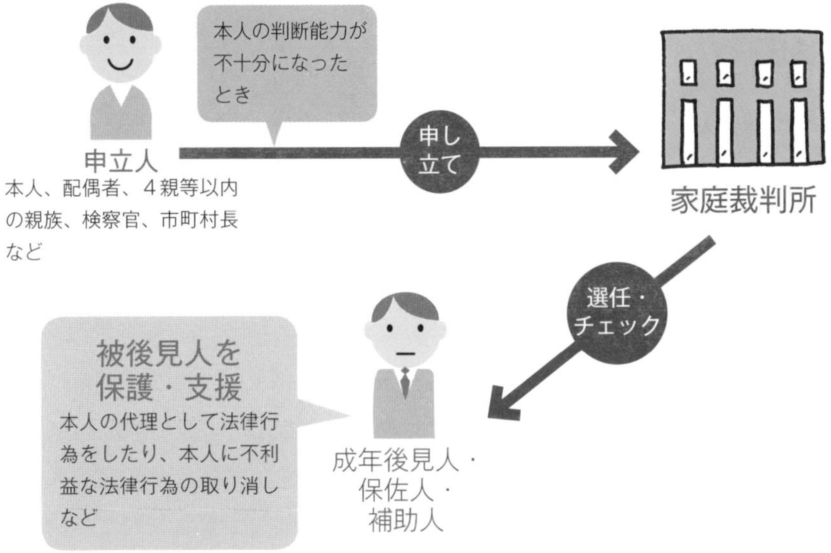

本人の判断能力が不十分になったとき
申立人
本人、配偶者、４親等以内の親族、検察官、市町村長など
申し立て
家庭裁判所
選任・チェック
被後見人を保護・支援
本人の代理として法律行為をしたり、本人に不利益な法律行為の取り消しなど
成年後見人・保佐人・補助人

任意後見制度

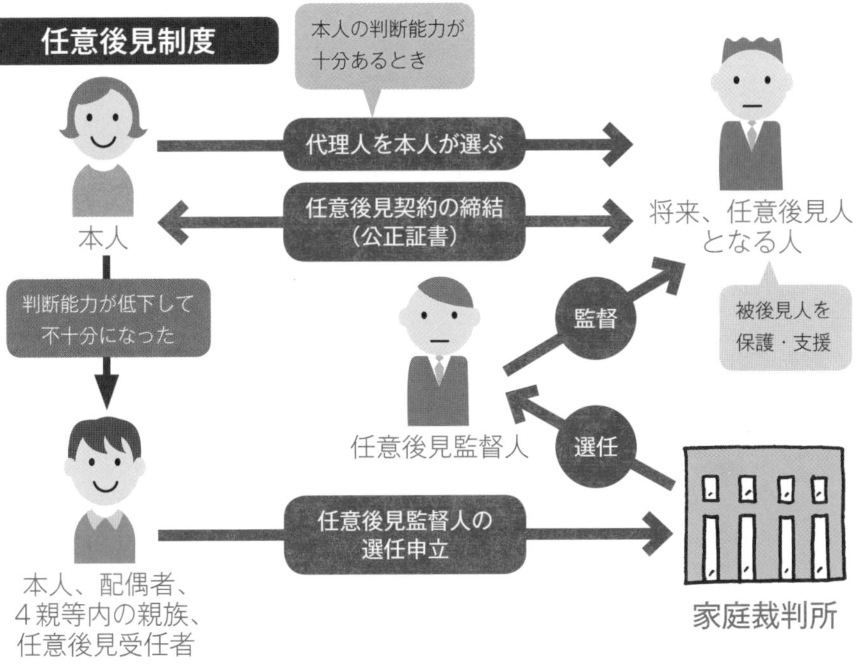

本人の判断能力が十分あるとき
本人
代理人を本人が選ぶ
任意後見契約の締結（公正証書）
将来、任意後見人となる人
被後見人を保護・支援
判断能力が低下して不十分になった
監督
任意後見監督人
選任
本人、配偶者、４親等内の親族、任意後見受任者
任意後見監督人の選任申立
家庭裁判所

法定後見制度の仕組み
（成年後見、保佐、補助の違い）

法定後見制度は、障害のある本人の能力や状態に応じて、「成年後見」「保佐」「補助」という3つの制度に分かれています。

●本人の事情や状態によって選べる3つの制度

法定後見制度は、**成年後見**、**保佐**、**補助**の3つに分かれており、判断能力の程度など本人の事情に応じて制度を選べるようになっています。

成年後見

知的障害、精神障害、認知症などによって、ほとんど自分で判断して法律行為をすることができない人を対象としたものです。家庭裁判所が本人のために**成年後見人**を選び、成年後見人は、本人の財産に関するすべての法律行為を本人に代わって行うことができます。

保佐

知的障害、精神障害、認知症などによって、判断能力が著しく不十分な人を対象としています。家庭裁判所は本人のために**保佐人**を選び、さらに保佐人に対して当事者が申し立てた特定の法律行為について、**代理権**を与えることができます。保佐人または本人は、本人が自ら行った重要な法律行為に関して、取り消すことができます。

補助

知的障害、精神障害、認知症などによって、判断能力が不十分な人（多くのことは自分で判断できますが、難しい事項については援助がないと難しいという人）を対象としています。家庭裁判所は本人のために**補助人**を選び、補助人には当事者が申し立てた特定の法律行為について**代理権または同意権（取消権）**を与えることができます。

法定後見制度の申し立てのうち、現在はそのほとんどが成年後見で、保佐や補助の申請は非常に少ない状態です。

成年後見の3つの制度

	成年後見	保佐	補助
対象	精神上の障害により、判断能力が欠けているのが通常の状態の人 対象の名称：成年被後見人	精神上の障害により、判断能力が著しく不十分な人 対象の名称：被保佐人	精神上の障害により、判断能力が不十分な人 対象の名称：被補助人
申し立てできる人	本人、配偶者、４親等内の親族、検察官、市町村長など ※本人以外の申し立てにより、保佐人に代理権を与える審判をする場合、本人の同意が必要 補助開始の審判や補助人に同意権・代理権を与える審判をする場合も同様		
援助者の名称	成年後見人	保佐人	補助人
成年後見人等の同意が必要な行為		・借金、訴訟行為、相続の承認・放棄、新築・改築・増築など、民法13条１項所定の行為 ・家庭裁判所の審判により、民法13条１項所定の行為以外についても同意権・取消権の範囲にできる	・申し立ての範囲内で、家庭裁判所が審判で定める特定の法律行為（民法13条１項所定の行為の一部） ・家庭裁判所の審判により、民法13条１項所定の行為以外についても同意権の範囲にできる
成年後見人等に与えられる取消権	日常生活に関する行為以外の行為 ※日常生活に関する行為とは、食料品の買い物など日常で行われる金銭のやりとりのこと	保佐人の同意を得ずに行った民法13条１項所定の行為など、重要な財産行為	申し立ての範囲内で、家庭裁判所が審判で定めた特定の法律行為
成年後見人等に与えられる代理権	財産に関するすべての法律行為	申し立ての範囲内で、家庭裁判所が審判で定める特定の法律行為	
制度を利用した場合の本人資格などの制限	医師、税理士等の資格や会社役員、公務員等の地位を失う		

家庭裁判所に審判の申し立てを行い、家庭裁判所によって援助者として成年後見人など（成年後見人・保佐人・補助人）が選ばれます。その後、本人の判断能力に応じて「後見」「保佐」「補助」に分かれます。

個人または法人でもよい成年後見人（成年後見人とは）

成年後見において、本人に代わって代理権や財産管理権などを与えられるのが成年後見人で、家庭裁判所によって選任されます。

●個人または法人で、複数を選任することも可能

法定後見制度の中で、成年後見において本人（成年被後見人）の保護者となるのが成年後見人です。成年後見人は、本人や配偶者など、一定の人から成年後見の申し立てがあった場合、家庭裁判所が選任します。

家庭裁判所は、本人の状況などそれぞれのケースに応じて、最も適していると考えられる人を成年後見人に選びます。一般的には、成年被後見人の親族の中から選ばれます。しかし、親族に成年後見人に適した人が見つからない場合は、弁護士や司法書士などの法律実務家、あるいは社会福祉士など福祉に関する専門家が、成年後見人に選ばれることもあります。

成年後見人は、上記のように親族や専門職などの個人（自然人）がなるほか、福祉関係の公益法人など、法人がなることもできます。また成年後見人については、法律で人数に制限が設けられていないため、1人で成年後見人のすべての役割が担えない場合などは、家庭裁判所は複数の成年後見人を選任することもできます。

●成年後見人の権限と義務

成年後見人には、本人の財産に関する法律行為についての包括的代理権と財産管理権、そして本人が行った法律行為に関する取消権が与えられます。

一方で成年後見人は、本人の利益のために善良なる管理者の注意義務（善管注意義務）を持って、誠実に後見などの事務を行わなければなりません。善管注意義務は民法が定めるものであり、その内容を明確にしたものとして身上配慮義務が課されています。

成年後見人の選任方法

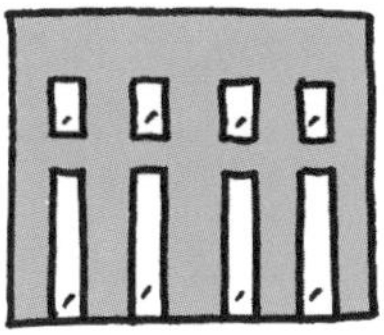

- ●本人（障害者など）の意見
- ●本人（障害者など）と成年後見人候補との関係
- ⬅利害関係がある場合は除外される
- ●成年後見人候補の職業、経歴など
- ⬅法人の場合は事業内容など
- ●本人（障害者など）の心身の状態や財産状況など

⬇

選任

成年後見人の権限と義務

精神上の障害などにより、判断能力を欠く状態の人で、家庭裁判所において成年後見開始の審判を受けた人

成年後見人には、成年被後見人の利益のために「善良な管理者の注意義務」を持って後見などの事務を行う義務と、財産管理などに関する事務を行う際、本人の意思を尊重し、かつ生活や心身の状態に配慮しなければならない「成年被後見人の身上に配慮する義務」がある。義務を怠ったときは、家庭裁判所は一定の請求や職権によって成年後見人を解任できる

❶財産管理

預貯金の管理、不動産や財産の処分、遺産分割、相続の承認・放棄など

❷身上監護

介護サービスの契約締結、住宅確保や維持管理に関する契約締結、医療契約の締結など

❸ ❶❷に関連する行為

要介護認定の申請について、登記の申請など公法上の行為、後見事務に関連する紛争についての訴訟行為など

本人が自由にできる行為

日常生活に関する行為（日用品の買い物など）については、成年後見人はこれを取り消すことができない

取消権

成年被後見人の法律行為は、成年後見人によって取り消すことができる
⬅成年被後見人が成年後見人の同意なく不必要な契約を結んだなど

本人の行為に対する同意権と取消権を持つ（保佐人とは）

保佐人は、法定後見制度の「保佐」において、本人の行為に対する「同意権」と一定の行為に関する「取消権」を与えられた人です。

●家庭裁判所が選任する保佐人

法定後見制度における保佐において、**本人（被保佐人）が行う一定の行為について、同意を与える権限を与えられるのが保佐人**です。保佐人は、本人や配偶者などから保佐の申し立てがあった場合、**家庭裁判所が本人の保護者としての保佐人を選任**します。

一般的に保佐人には、親族が選任されることが少なくありませんが、成年後見人と同様に、本人の心身や財産状況などを考慮して、法律や福祉の専門家や法人が選ばれることもあります。また、これも成年後見人と同じように、保佐人も１人だけとは限らず、**必要に応じて複数の人が家庭裁判所によって選ばれる**こともあります。

●同意権の範囲を広げることもできる

保佐という制度においては、本人は判断能力が著しく不十分な者として、一定の行為について自分だけの判断で行うことが制限されています。このため保佐人には、本人がこうした行為を行う場合に、**同意を与える権利である同意権**が与えられます。同意権は、民法 13 条によってその行為を定められていますが、本人の生活や財産の状況によって、家庭裁判所が必要と認めれば、同意が必要な行為の範囲を広げることもできます。

また保佐人は、保佐人の同意なしに本人が行った行為に対し、それを取り消すことのできる**取消権**も与えられます。さらに家庭裁判所の審判によって、**代理権**が付与されることもあります。

一方で保佐人は、保佐人の権限の対象とされたことについての、**身上配慮義務を負う**こととなります。

保佐人の選任方法

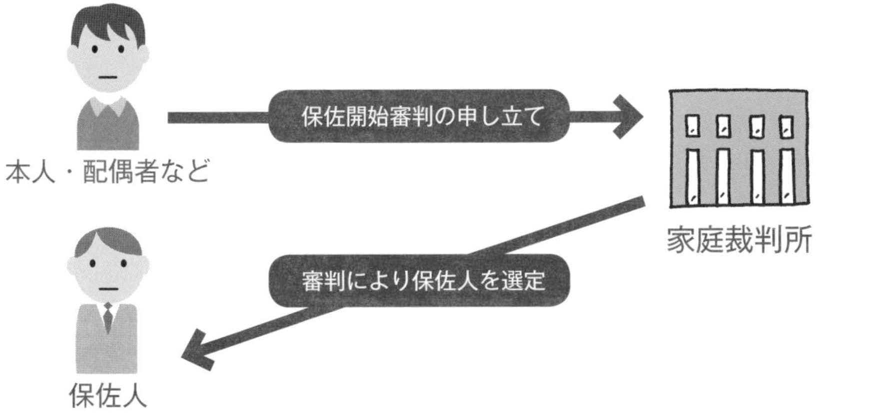
本人・配偶者など
保佐開始審判の申し立て
家庭裁判所
審判により保佐人を選定
保佐人

保佐人の権限と義務

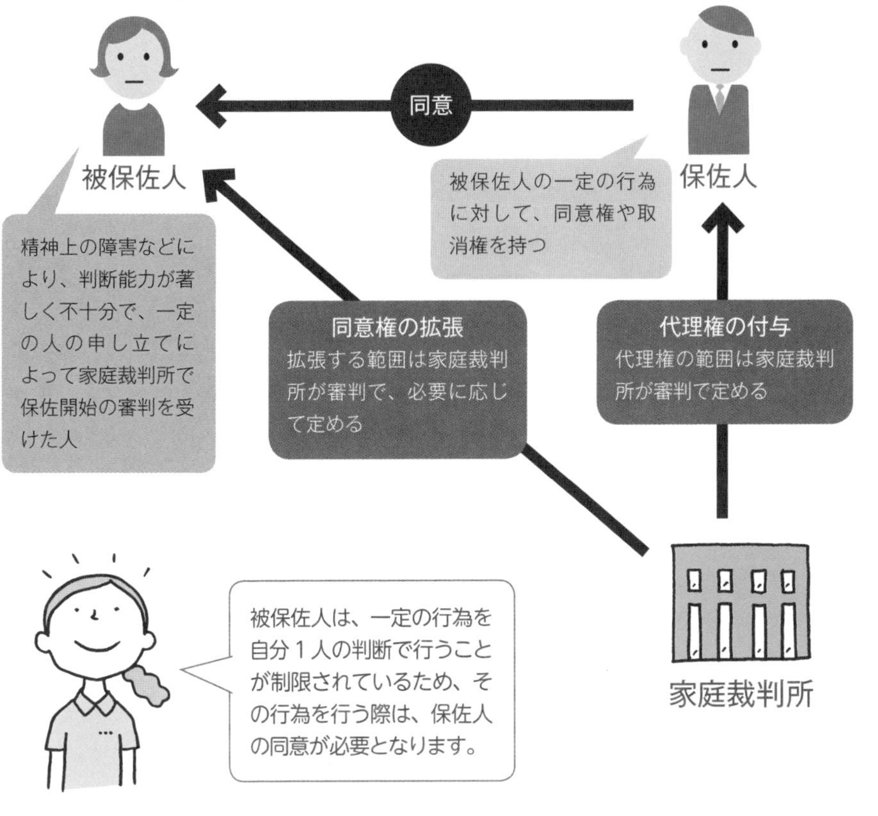
被保佐人
同意
保佐人
精神上の障害などにより、判断能力が著しく不十分で、一定の人の申し立てによって家庭裁判所で保佐開始の審判を受けた人
被保佐人の一定の行為に対して、同意権や取消権を持つ
同意権の拡張
拡張する範囲は家庭裁判所が審判で、必要に応じて定める
代理権の付与
代理権の範囲は家庭裁判所が審判で定める
家庭裁判所
被保佐人は、一定の行為を自分１人の判断で行うことが制限されているため、その行為を行う際は、保佐人の同意が必要となります。

一部の同意権、取消権、代理権を与えられる（補助人とは）

ほとんどのことは自分できるが、少し行為に不安がある人に対して、一部の同意権や取消権、代理権を与えられるのが補助人です。

●成年後見人や保佐人と同様、家庭裁判所が選任

法定後見制度における補助において、**本人（被補助人）に代わって一部の同意権や取消権、代理権などを与えられるのが補助人**です。補助人は、成年後見人や保佐人と同様に、本人や配偶者などから補助開始の申し立てを受けて、**家庭裁判所が選任**をします。

補助人は親族や法律・福祉の専門家などの個人、あるいは法人がなることができ、人数に制限がないというのも、成年後見人や保佐人と同じです。

●補助人に与えられる権限は限定的

成年後見や保佐に比べると、補助という制度では本人の能力がある程度高いことから、**補助人に与えられる権限は限定されたもの**となります。本人は、家庭裁判所の審判によって、民法13条1項が定める行為のうち、特定の行為について自分だけの判断で行うことを制限されます。この制限された行為について、**同意を与える権限を持っているのが補助人**です。

また、補助人の同意がないのに本人がこれらの行為を行った場合、補助人は**その行為を取り消すことができます**し、**本人に代わって特定の行為についての代理権を付与させることもできます**。

これら補助人の持つ権限については、家庭裁判所の**代理権または同意権を付与する審判**によって決定されます。

一方で補助人の義務については、成年後見人や保佐人と同様に、身上配慮義務を負うことが定められており、生活、療養看護、財産管理に関する事務などにおいて、補助人の権限の対象とされた行為についてのみ、このような義務を負わなければなりません。

補助人の選任方法

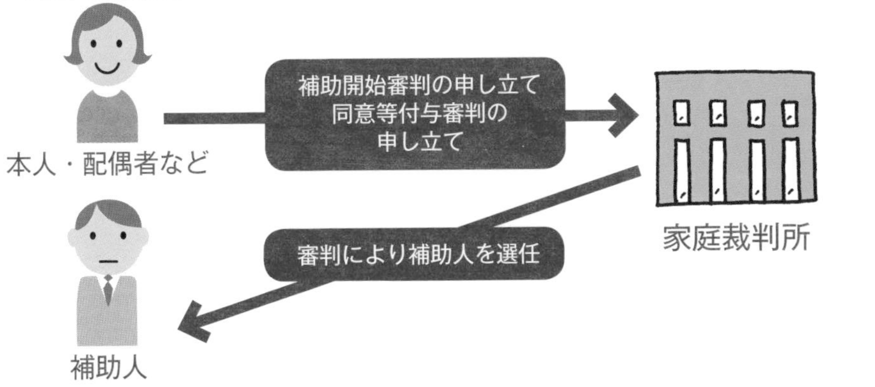

本人・配偶者など
補助開始審判の申し立て
同意等付与審判の
申し立て
家庭裁判所
審判により補助人を選任
補助人

補助人の権利

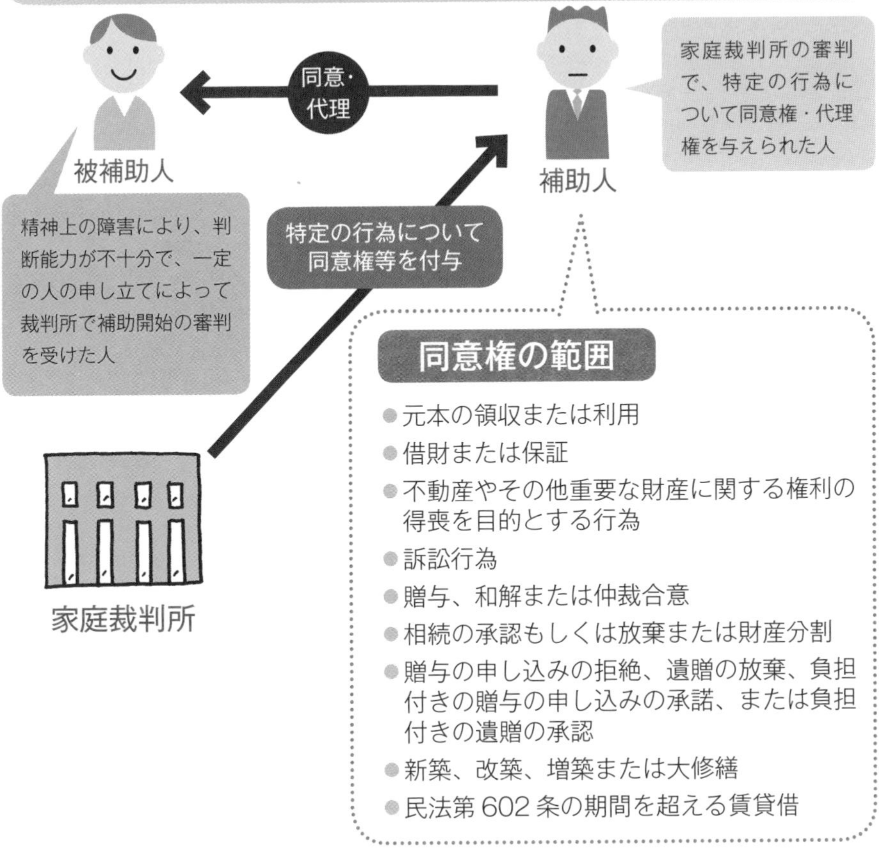

被補助人
同意・
代理
補助人
家庭裁判所の審判で、特定の行為について同意権・代理権を与えられた人
精神上の障害により、判断能力が不十分で、一定の人の申し立てによって裁判所で補助開始の審判を受けた人
特定の行為について
同意権等を付与
家庭裁判所
同意権の範囲
●元本の領収または利用
●借財または保証
●不動産やその他重要な財産に関する権利の得喪を目的とする行為
●訴訟行為
●贈与、和解または仲裁合意
●相続の承認もしくは放棄または財産分割
●贈与の申し込みの拒絶、遺贈の放棄、負担付きの贈与の申し込みの承諾、または負担付きの遺贈の承認
●新築、改築、増築または大修繕
●民法第602条の期間を超える賃貸借

制度利用には、まず申し立てが必要（法定後見の申し立て）

法定後見制度を利用するには、まず定められた申立人による、家庭裁判所への申し立てが必要です。申立人は、法律で規定されます。

●法定後見の申し立てができる人

成年後見や保佐、補助といった法定後見制度を利用する場合は、まず**申し立てを認められた人が、審判の開始を家庭裁判所に申し立てる必要があります**。審判開始の申し立てができる人は、以下の通りです。

❶本人（正常な判断能力を回復しているときに限る）

❷配偶者

❸4親等内の親族（親、子、孫、祖父母、兄弟姉妹、叔父、叔母、甥、姪、いとこなど）

❹未成年後見人（本人が未成年のとき）

❺未成年後見監督人（本人が未成年のとき）

❻保佐人

❼保佐監督人

❽補助人

❾補助監督人

❿検察官

任意後見制度による**任意後見契約**が結ばれている場合は、**任意後見受任者、任意後見人、任意後見監督人が申立権者**となります。身寄りがないなどで申し立てをする人がいない場合、**市町村長に申立権が与えられます**。

●申し立てに必要な費用

申し立てには、合計2～3万円の費用がかかります。これを弁護士や司法書士に依頼すると別途報酬の料金がかかり、成年後見・保佐では、さらに鑑定費用5～10万円がかかります。これらはすべて、**申立人の自己負担**です。

法定後見の申し立てができる人

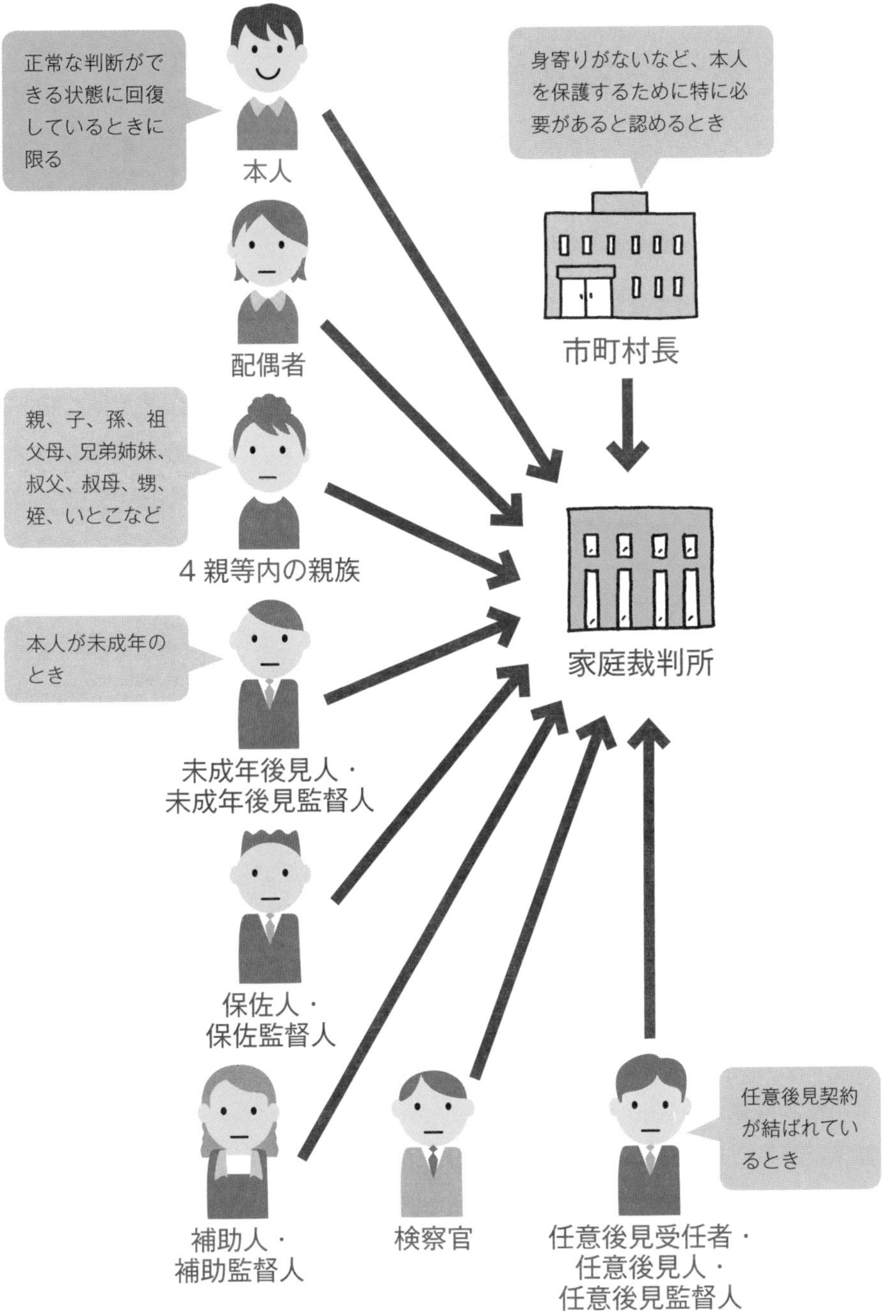
正常な判断ができる状態に回復しているときに限る
本人
配偶者
親、子、孫、祖父母、兄弟姉妹、叔父、叔母、甥、姪、いとこなど
4親等内の親族
本人が未成年のとき
未成年後見人・未成年後見監督人
保佐人・保佐監督人
補助人・補助監督人
検察官
任意後見契約が結ばれているとき
任意後見受任者・任意後見人・任意後見監督人
身寄りがないなど、本人を保護するために特に必要があると認めるとき
市町村長
家庭裁判所

調査から審判の告知・確定に至るまで(家庭裁判所での審判)

法定後見の申し立てを受けると、家庭裁判所は書面審理や面談、鑑定などの手続きを経て、保護者を選任し、審判を告知・確定します。

●家庭裁判所調査官による調査

法定後見制度の利用について、申し立てを受けた家庭裁判所は、家庭裁判所調査官により、本人の判断能力などの調査を行います。

ここでは、本人の能力や状況などについて、書面や対面などによって実情が確認されます。さらに家事審判官が審問を開き、本人から直接話を聞くことで、意向や状況の調査が行われる場合もあります。また成年後見や保佐については、必要に応じて専門家による鑑定が行われることもあります。

こうした調査と同時に、家庭裁判所は、本人の保護者となる成年後見人・保佐人・補助人などを選出するための審判も行います。一般的には、法定後見開始の審判を申し立てる際、申立人はあらかじめ、保護者になってくれる人を選び、申立書に記載しておきます。

申立人が選んだ人が保護者に適していると家庭裁判所が判断すると、その人が保護者として選任されます。一方で、申立人が選んだ人が、保護者として適さないと判断された場合には、家庭裁判所がその権限により弁護士・司法書士・社会福祉士といった専門職の中から、適任な人を選び選任します。

●一般的には、申し立てから4ヵ月以内で確定

審判が決した後、家庭裁判所は本人の保護者に選ばれた人に告知をします。その後2週間が経過すると審判が確定し、保護者は法定後見における権利と義務を負うこととなります。

審理期間については、個々のケースによって異なり一概にはいえませんが、多くの場合、申し立てから成年後見などの開始までの期間は、4ヵ月以内となっています。

法定後見制度の手続きの流れ

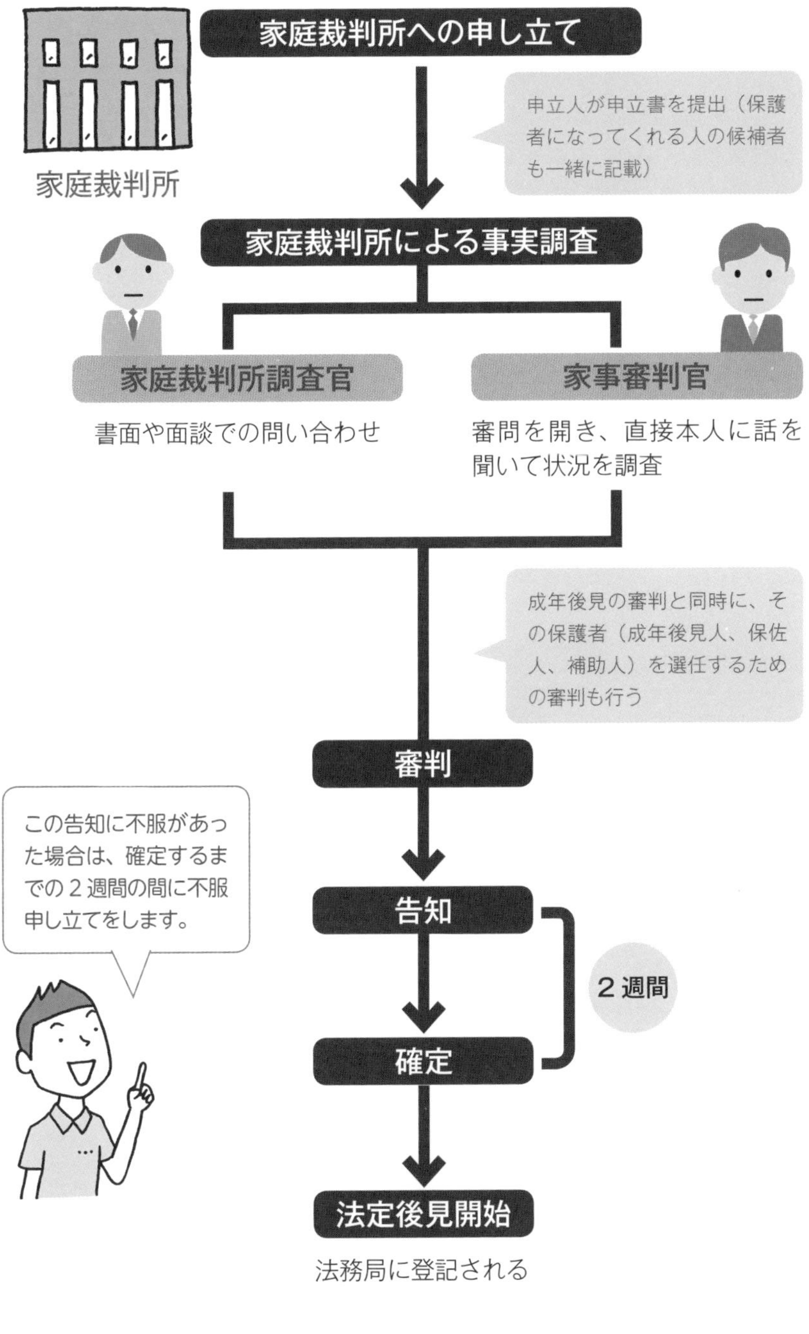
家庭裁判所への申し立て
家庭裁判所
申立人が申立書を提出（保護者になってくれる人の候補者も一緒に記載）
家庭裁判所による事実調査
家庭裁判所調査官
書面や面談での問い合わせ
家事審判官
審問を開き、直接本人に話を聞いて状況を調査
成年後見の審判と同時に、その保護者（成年後見人、保佐人、補助人）を選任するための審判も行う
審判
この告知に不服があった場合は、確定するまでの２週間の間に不服申し立てをします。
告知
２週間
確定
法定後見開始
法務局に登記される

発達障害と「発達障害者支援法」(3) コラム

発達障害者支援法の制定

2005（平成17）年4月から、発達障害について社会全体で理解し支援を行っていくために**発達障害者支援法**が施行されています。この法律の趣旨は、「発達障害者には症状の発現後できるだけ早期の発達支援が特に重要であることをかんがみ、発達障害を早期に発見し、発達支援を行うことに関する国および地方公共団体の責務を明らかにするとともに、発達障害者に対し学校教育等における支援を図る」というものです。

発達障害者支援法では発達障害について、法律上の定義をした上で、次のような理念を示し、その上で責務や施策の在り方も明らかにしています。

（基本理念）

第二条の二　発達障害者の支援は、すべての発達障害者が社会参加の機会が確保されることおよびどこで誰と生活するかについての選択の機会が確保され、地域社会において他の人々と共生することを妨げられないことを旨として、行われなければならない

2　発達障害者の支援は、社会的障壁の除去に資することを旨として、行われなければならない

3　発達障害者の支援は、個々の発達障害者の性別、年齢、障害の状態および生活の実態に応じて、かつ、医療、保健、福祉、教育、労働等に関する業務を行う関係機関および民間団体相互の緊密な連携の下に、その意思決定の支援に配慮しつつ、切れ目なく行われなければならない

平成28年改正のポイント

発達障害者支援法は、2016（平成28）年に改正されました。その主なポイントは以下の通りです。

❶ 発達障害者の支援は「社会的障壁」を除去するために行う
❷ 乳幼児期から高齢期まで切れ目のない支援。教育・福祉・医療・労働などが緊密に連携
❸ 司法手続きで意思疎通の手段を確保
❹ 国および都道府県は就労の定着を支援
❺ 教育現場においての個別支援、指導計画の作成を推進
❻ 支援センターの増設
❼ 都道府県および政令市に関係機関による協議会を設置

Part 6

障害児が対象のサービス

障害のある子どもたちを支える仕組みは、以前はいくつかの法律に分かれて規定・実施されてきました。しかし現在では、根拠規定が「児童福祉法」に一本化され、サービス体系も再編されています。ここでは、障害児を対象にしたそれぞれのサービスについて、その内容や対象について解説します。

根拠規定が児童福祉法に一本化され体系も再編（障害児を対象にしたサービスの概要）

障害児を対象にしたサービスは、児童福祉法によって規定されており、通所による支援と入所による支援の 2 つに大別されます。

●多岐にわたっていた根拠規定を児童福祉法に一本化

障害児を対象とした施設や事業は、施設入所などは児童福祉法、児童デイサービスなどの事業関係は障害者自立支援法、重症心身障害児（者）通園事業は予算事業として実施されてきました。しかし 2012(平成 24)年 4 月から、根拠規定が児童福祉法に一本化され、体系も再編されました。

その上で、障害児通所支援を利用する保護者は、市町村に障害支援区分の認定について申請を行い、サービス等利用計画を経て、支給決定を受けた後、利用する施設と契約を結びます。障害児入所支援を利用する場合は、児童相談所に申請します。

●児童福祉法による障害児を対象としたサービスの概要

❶障害児施設／障害種別で分かれていた障害児施設は、通所による支援（「障害児通所支援（児童発達支援等）」、入所による支援（「障害児入所支援（障害児入所施設）」）の 2 つに大別されています。

❷居宅サービスと通所サービスの一体的利用／通所サービスの実施主体が 2012（平成 24）年より市町村に移行されたことにより、居宅サービスと通所サービスが一体的に利用できます。

❸放課後等デイサービス、保育所等訪問支援／学齢児を対象とした放課後支援が充実されると共に、障害があっても保育所等の利用ができるように訪問サービスが創設されています。

❹在園期間の延長措置の見直し／ 18 歳以上の障害児施設入所者には、障害者総合支援法に基づく障害福祉サービスが提供されます。なお、現に入所している人が退所させられないよう配慮されます。

障害児を対象としたサービス

障害児通所支援（自宅から施設に通ってサービスを受ける）

⬅市町村が実施

<table>
<tr><td>児童発達支援</td><td rowspan="2">児童発達支援センターと児童発達支援事業の２つに大別される
①児童発達支援センター／医療型児童発達支援センター
通所支援の他、身近な地域の障害児支援の拠点として、「地域で生活する障害児や家族への支援」「地域の障害児を預かる施設に対する支援」などの地域支援を実施する。医療の提供の有無により「児童発達支援センター」と「医療型児童発達センター」に分かれる
②児童発達支援事業
通所利用の未就学の障害児に対する支援を行う</td></tr>
<tr><td>医療型児童発達支援</td></tr>
<tr><td>放課後等デイサービス</td><td>学校就業中の障害児に対して、放課後や夏休みなどの長期休暇中において、生活能力向上のための訓練などを継続的に提供する。また、学校教育と相まって障害児の自立を促進すると共に、放課後などの居場所作りを推進する</td></tr>
<tr><td>保育所等訪問支援</td><td>保育所などを利用中の障害児、今後利用する予定の障害児に対して、訪問により、保育所などにおける集団生活の適応のための専門的な支援を提供し、保育所などの安定した利用を促進する</td></tr>
<tr><td>居宅訪問型児童発達支援</td><td>重度の障害がある障害児であって、障害児通所支援を利用するために外出することが著しく困難な障害児に対し、障害児の居宅を訪問して発達支援を行う</td></tr>
<tr><td>障害児相談支援</td><td>障害児通所支援を利用するすべての障害児に対して、障害児通所支援の利用申請手続きの際や利用している障害児通所支援において「障害児支援利用計画案」の作成・見直しを行う</td></tr>
</table>

障害児入所支援（施設に入所してサービスを受ける）

⬅都道府県が実施

<table>
<tr><td>福祉型障害児入所施設</td><td rowspan="2">従来の施設と同等の支援を確保。主たる障害以外の障害を受け入れた場合も、適切な支援を提供。医療型はこの他、医療も提供する。18歳以上の障害児施設入所者には、自立（地域生活への移行など）を目指した支援を実施する
※重症心身障害児施設は、重症心身障害の特性を踏まえ、児者に一貫した支援の継続を可能とする
※引き続き、入所支援を受けなければその福祉を損なうおそれがあると認めるときは、満20歳に達するまで利用可能</td></tr>
<tr><td>医療型障害児入所施設</td></tr>
</table>

障害のある子どもたちが住み慣れた地域で支援を受けられる療育の場（児童発達支援・医療型児童発達支援）

地域における身近な支援を担う場所として、児童発達支援センターや児童発達支援事業所を設け、障害のある子どもと家族を支えます。

●児童発達支援とは

児童発達支援（医療型を含む）は、市町村が提供する障害児通所支援の一つで、障害のある子どもに対し、児童発達支援センターなどにおいて日常生活における基本的な動作の指導、知識技能の付与、集団生活への適用訓練、その他の便宜を提供するものです。

児童発達支援センターは、地域における児童発達支援の中核的な役割を持っています。また、児童発達支援センターが障害の種別に関わらず適切な支援を受けられるように質の確保を求められているのに対し、児童発達支援事業は、量の拡大を図る目的で、障害のある子どもが住み慣れた地域で発達支援を受けることのできる施設を設けています。

●医療型児童発達支援とは

肢体不自由などの理由によって医療によるケアが必要な子どもたちに対し、住み慣れた地域での発達支援を提供するのが、医療型児童発達支援です。医療型児童発達支援においては、以下の２つの施設が対応してサービスを提供しています。医療型児童発達支援センターは子どもの通所支援の他、福祉型の児童発達支援センターと同じく、地域で暮らす障害のある子どもや家庭への支援、障害のある子どもを預かる機関との連携・相談・支援も行っていますが、利用者が身体不自由な子どもで、医療の提供を行う点が異なります。

指定医療機関は、国立病院機構などが設置している医療機関であり、厚生労働大臣が指定するものです。児童デイサービスの根拠規定は障害者自立法でしたが、平成24年からは前述した通り、児童福祉法に一本化されました。

児童発達支援の対象

対象となる児童

身体に障害のある児童、知的障害のある児童または精神に障害のある児童（発達障害児を含む）

※手帳の有無は問わず、児童相談所、市町村保健センター、医師などにより療育の必要性が認められた児童も対象

医療型児童発達支援の対象となる児童

上肢、下肢、または体幹など、肢体不自由があり、理学療法などの機能訓練または医学的管理下での支援が必要と認められた児童

※手帳の有無は問わず、児童相談所、市町村保健センター、医師などにより療育の必要性が認められた児童も対象

障害児施設サービスの再編

障害者自立支援法

市町村

- 児童デイサービス

児童福祉法

都道府県

- 知的障害児通園施設
- 難聴幼児通園施設
- 肢体不自由児通園施設（医）

予算事業

- 重症心身障害児（者）通園事業

↓

児童福祉法

市町村

児童発達支援

- 福祉型児童発達支援センター
- 児童発達支援事業

医療型児童発達支援

- 医療型児童発達支援センター
- 指定医療機関※

※指定医療機関とは、独立行政法人国立病院機構若しくは独立行政法人国立精神・神経医療研究センターの設置する医療機関であって厚生労働大臣が指定するものをいう

障害のある子どもの家庭や学校以外の居場所（放課後等デイサービス）

障害のある子どもたちに対し、住み慣れた地域で家庭や学校以外の居場所を提供し、自立を促すのが放課後等デイサービスです。

●放課後や長期の休業時の子どもたちの居場所

放課後等デイサービスは、学校に通学している障害児に対して、放課後や夏休みなどの長期休暇中に、生活能力向上のための訓練などを継続的に提供します。これにより、学校教育と相まって障害児の自立を促進すると共に、放課後などの居場所作りを推進するものです。

具体的には、学校の授業終了後や休業日に、障害児に対して生活能力の向上のために必要な訓練や、社会との交流の促進などの機会や便宜を提供します。放課後等デイサービスでは多様なメニューを設け、本人の希望を踏まえたサービスを提供することとされています。

サービスの提供例

❶自立した日常生活を営むために必要な訓練

❷創作的活動、作業活動

❸地域交流の機会の提供

❹余暇の提供

また、学校との連携・協働による支援ということで、放課後等デイサービスを利用する本人が混乱しないように、学校と放課後等デイサービスのサービスの一貫性が求められます。

●必要が認められれば満20歳まで利用できる

サービスの提供対象となる児童は、学校教育法に規定する学校（幼稚園、大学を除く）に就学している障害児であり、障害児の定義は児童発達支援と同じです。また、引き続き放課後等デイサービスを受けなければ、その福祉を損なうおそれがあると認めるときは満20歳まで利用することができます。

放課後等デイサービスの対象

学校教育法に規定する学校（幼稚園、大学を除く）に就学している障害児（引き続き、放課後等デイサービスを受けなければ、その福祉を損なうおそれがあると認めるときは満 20 歳に達するまで利用することができる）

放課後等デイサービスの概要

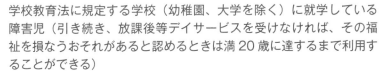

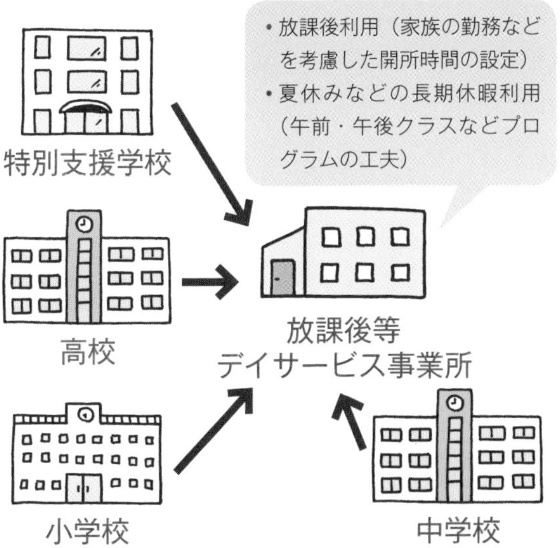

サービスの内容

学校の授業終了後、または休業日において、生活能力向上のために必要な訓練、社会との交流の促進などを提供する

- 多様なメニューを設け、本人の希望を踏まえたサービスを提供
  ①自立した日常生活を営むために必要な訓練
  ②創作的活動、作業活動
  ③地域交流の機会の提供
  ④余暇の提供
- 学校との連携、協働による支援

放課後等デイサービスの指定基準

	職種		員数など
人員基準	従業者	指導員または保育士	単位ごとにその提供を行う時間帯を通じて、もっぱら当該支援の提供に当たる指導員または保育士の合計数が、次のとおり確保されるために必要と認められる数（1人以上は常勤） ・障害児数が10人までは、２人以上 ・障害児数が10人を超えるときは、２人に、障害児数が10人を超えて5またはその端数を増すごとに1人を加えて得た数以上
		児童発達支援管理責任者	1 人以上（業務に支障がない場合は他の職務の兼務可）
	管理者	常勤で、かつ、原則として管理業務に従事するもの（管理業務に支障がない場合は他の職務の兼務可）	
設備基準	指導訓練室、支援の提供に必要な設備および備品等を備えること また、指導訓練室は、訓練に必要な機械器具等を備えること		

障害児や職員への専門的支援
(保育所等訪問支援)

保育所など障害児が利用する施設を訪問し、子どもの集団生活への適応について、専門的な立場からの支援を行います。

●子どもの特性に集団生活の環境を合わせる

保育所等訪問支援は、児童福祉法第６条の２の２第５項に位置付けられたもので、2012（平成 24）年の児童福祉法改正で創設された新しいサービスです。児童発達支援や放課後等デイサービスと同じ、**障害児通所支援の１つ**となっています。

児童福祉法第６条の２の２第５項

この法律で、保育所等訪問支援とは、保育所その他の児童が集団生活を営む施設として厚生労働省令で定めるものに通う障害児につき、当該施設を訪問し、当該施設における障害児以外の児童との集団生活への適応のための専門的な支援その他の便宜を供与することをいう

保育所等訪問支援は、児童福祉法の定義にもあるように**保育所や幼稚園、認定こども園、学校、放課後児童クラブなど集団生活を営む施設を訪問し、障害のない子どもとの集団生活への適応のために必要な、専門的な支援を行う**ものです。

集団生活への適応のための専門的な支援とは、対象となる障害のある子どもを集団生活に合わせるのではなく、子どもの特性などに集団生活の環境や活動の手順などを合わせていくことです。

●保育所等訪問支援の対象

保育所等訪問支援の対象となる子どもは、**児童福祉法第４条第２項に定める障害児**であり、❶保育所等の施設に通い、❷集団での生活や適応に専門的支援が必要である子どもです。障害児の認定にあたっては医学的診断や障害者手帳の有無は問いません。

保育所等訪問支援の対象

保育所や、児童が集団生活を営む施設に通う障害児

※「集団生活への適応度」から支援の必要性を判断。発達障害児、その他の気になる児童が対象

保育所等訪問支援の概要

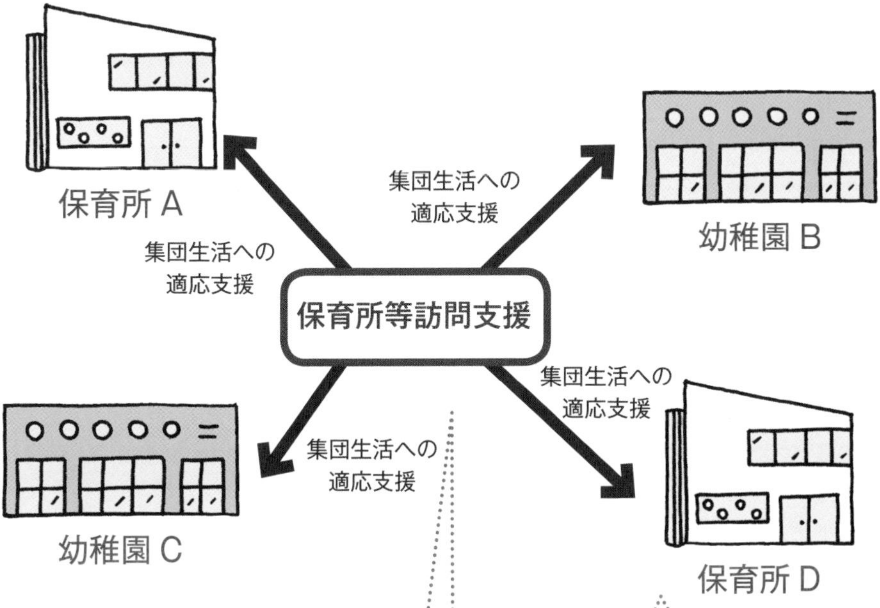

サービスの内容

障害児が集団生活を営む施設を訪問し、その施設における障害児以外の児童との集団生活への適応のための専門的な支援などを行う

❶障害児本人に対する支援（集団生活適応のための訓練など）

❷訪問先施設のスタッフに対する支援（支援方法に関する指導など）

訪問先の範囲

保育所、幼稚園、認定こども園、小学校、特別支援学校、その他児童が集団生活を営む施設として、地方自治体が認めたもの

児童福祉法に基づいた障害児の相談支援（障害児相談支援事業）

障害のある子どもの相談支援には、児童福祉法に基づいたものと、障害者総合支援法に基づいたものの２つがあります。

●通所サービスを利用したい子どもの相談支援

障害のある子どもたちが、自立した日常生活や社会生活を営むことができるように、**それぞれに合ったサービス提供への相談や支援を行うのが障害児相談支援事業**です。

障害児に関する相談支援事業は、**日常的な相談支援事業**と、**通所サービスを利用したいときに活用するもの**の２つに大別されます。

日常的な事柄についての相談は、障害者総合支援法に基づいた**市町村の相談支援事業が対応**します。これに対して、障害のある子どもが通所サービスを利用する際の相談は、児童福祉法に基づいて市町村が指定した**障害児相談支援事業者が対応**します。

なお居宅サービスに関しては、障害児の場合でも大人の障害者と同じように、障害者総合支援法のサービスを受けることになるので、相談支援は障害者総合支援法に基づいて市町村が指定した**指定特定相談支援事業者が行います**。

障害児の入所サービスについては、児童相談所が専門的な判断を行うため、障害児相談支援の対象とはなりません。

●児童福祉法の障害児相談支援の内容と対象者

相談支援の内容は、障害福祉サービスなどを申請した障害児について、**サービス等利用計画の作成、支給決定後のサービス等利用計画の見直し、そしてモニタリング**です。

児童福祉法における障害児相談支援の対象者は、**障害児通所支援を申請した障害児であって市町村が障害児支援利用計画案の提出を求めた人**です。

障害児の相談支援体系

一般的な相談支援

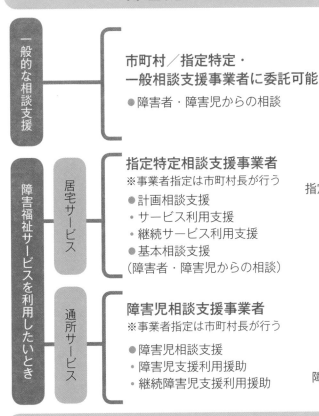

市町村／指定特定・一般相談支援事業者に委託可能

- 障害者・障害児からの相談

指定特定相談支援事業者

障害福祉サービスを利用したいとき

居宅サービス

指定特定相談支援事業者

※事業者指定は市町村長が行う

- 計画相談支援
  - サービス利用支援
  - 継続サービス利用支援
- 基本相談支援

（障害者・障害児からの相談）

通所サービス

障害児相談支援事業者

※事業者指定は市町村長が行う

- 障害児相談支援
  - 障害児支援利用援助
  - 継続障害児支援利用援助

障害児相談支援事業者

サービス利用までの流れ

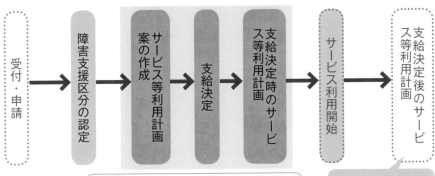

受付・申請 → 障害支援区分の認定 → サービス等利用計画案の作成 → 支給決定 → 支給決定時のサービス等利用計画 → サービス利用開始 → 支給決定後のサービス等利用計画

一定期間ごとのモニタリング

「特定相談支援事業」は障害者総合支援法に基づいていて、「障害児相談支援事業」は児童福祉法に基づいています。

障害児の保護や日常生活の指導・訓練を行う（福祉型障害児入所施設）

重い障害があっても、できるだけ自立して自分らしい生活を送るために、施設に入所しながら支援を受けるのが障害児入所施設です。

●自立を目指した支援も強化

都道府県が実施主体となる障害児を対象としたサービスが、障害児入所支援です。障害児入所施設は、施設において医療の提供が有るか無いかで、福祉型と医療型の2つの類型に分けられます。

福祉型障害児入所施設では、障害児を入所させて、保護、日常生活の指導および自活に必要な知識や技能の付与を行います。また、重度・重複障害や被虐待児への対応を図る他、地域生活への移行のような自立のための支援を充実させるべく、地域に開かれた施設を目指し、自立（地域生活移行）を目指した支援も強化しています。

●主なサービスと対象者

福祉型障害児入所施設のサービス内容には以下のようなものがあります。

- 食事、排せつ、入浴などの介護
- 日常生活上の相談支援、助言
- 身体能力、日常生活能力の維持・向上のための訓練
- レクリエーション活動等の社会参加活動支援
- コミュニケーション支援

対象となる児童は、**身体に障害のある児童、知的障害のある児童または精神に障害のある児童（発達障害児を含む）**です。手帳の有無は問わず、児童相談所、市町村保健センター、医師などにより療育の必要性が認められた児童も対象となり、引き続き入所支援を受けなければその福祉を損なうおそれがあると認めるときは、満20歳に達するまで利用することができます。

福祉型障害児入所施設

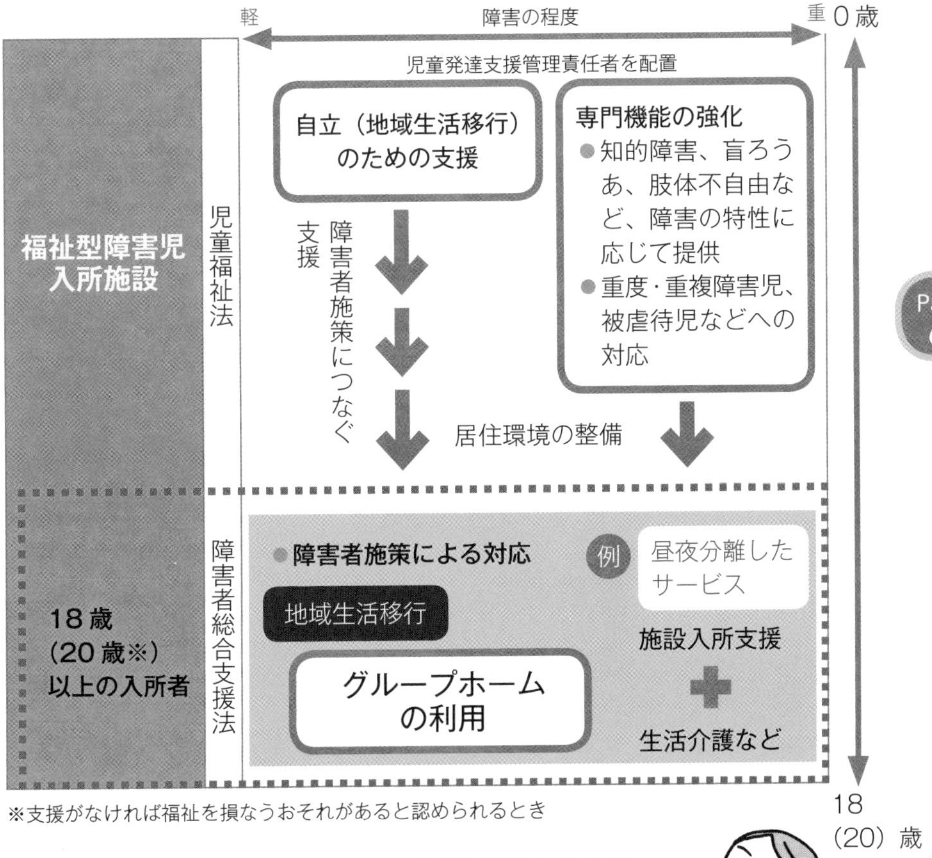

※支援がなければ福祉を損なうおそれがあると認められるとき

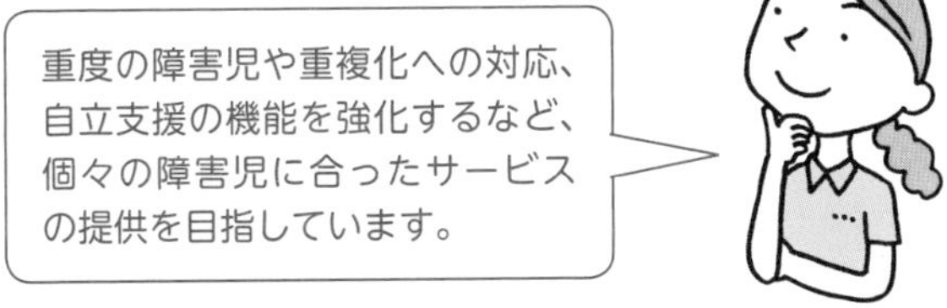

コラム

「ピアサポート」と「セルフヘルプグループ」（その1）

ピアサポートの代表的な手法の1つが、専門家としてのカウンセラーではなく、相手と同じ経験や背景を共有する人（ピアカウンセラー）によって行われる「ピアカウンセリング」です。

治療が必要な障害児のための入所施設（医療型障害児入所施設）

福祉型障害児入所施設に対して、医療による治療が必要な障害児が入所し、サービスや支援を受けるのが医療型障害児入所施設です。

●保護や訓練と併せて、治療を行う

医療型障害児入所施設は、障害のある児童を入所させて、保護、日常生活の指導および自活に必要な知識や技能の付与を行いますが、それに併せて**治療を行うのが特徴**です。

児童福祉法の改正においては、従来の専門性を維持するか、または複数の機能を併せ持つことも可とされました。これは、以前の体系の時にもこれらの施設では、重症心身障害児や肢体不自由児などに対する専門的な医療と福祉が、一体的に提供されていたことに配慮したものです。

●主なサービスと対象者

医療型障害児入所施設のサービス内容は以下のようなものがあります。

- 疾病の治療
- 看護
- 医学的管理の下における食事、排せつ、入浴などの介護
- 日常生活上の相談支援、助言
- 身体能力、日常生活能力の維持・向上のための訓練
- レクリエーション活動等の社会参加活動支援
- コミュニケーション支援

対象となる児童は、**知的障害児（自閉症児）、肢体不自由児、重症心身障害児**です。なお、手帳の有無は問わず、児童相談所、市町村保健センター、医師などにより療育の必要性が認められた児童も対象となり、引き続き入所支援を受けなければ、その福祉を損なうおそれがあると認めるときは、満20歳に達するまで利用することができます。

医療型障害児入所施設

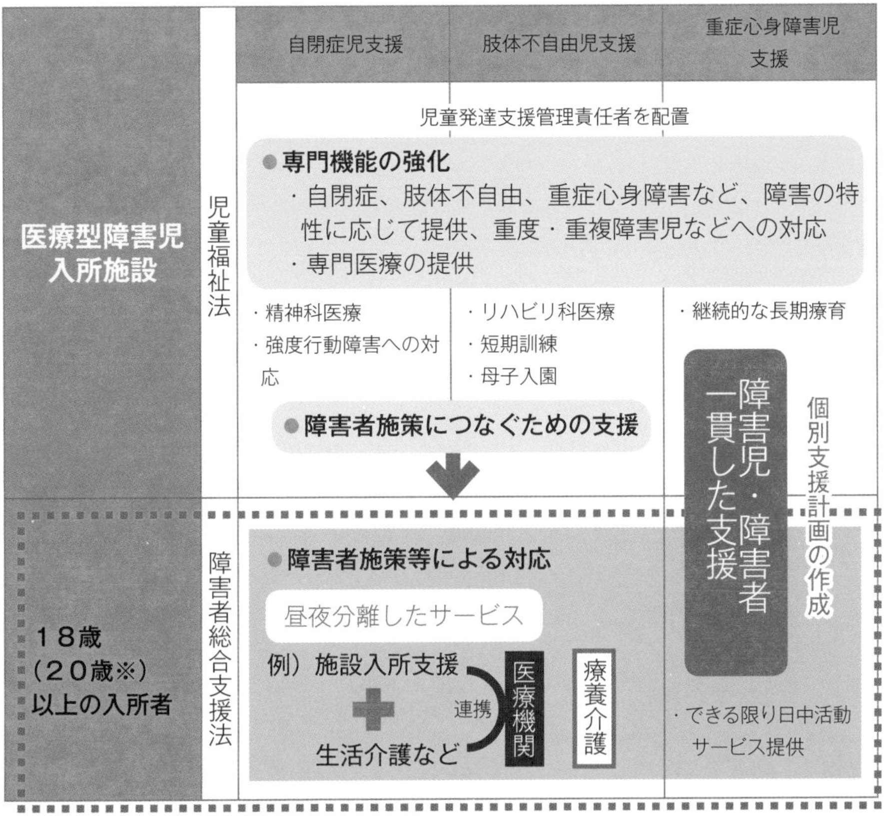

※支援がなければ福祉を損なうおそれがあると認められるとき

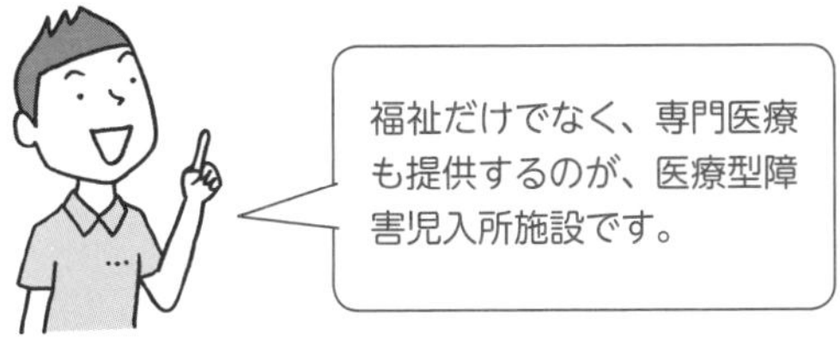

コラム

「ピアサポート」と「セルフヘルプグループ」（その2）

ピアサポートの１つに、「セルフヘルプグループ（相互援助集団）」があります。これは同じ課題に直面する人同士が互いに支えあう活動で、アルコールや薬物依存への支援の方法として知られています。

障害者差別解消法改正の概要

コラム

事業者による障害のある人に対する合理的配慮の提供が義務化

障害の有無によって分け隔てられることなく、全ての国民が共生する社会の実現に向けて、平成 28 年 4 月 1 日に「障害者差別解消法（障害を理由とする差別の解消の推進に関する法律）」が施行されました。

令和 3 年の改正により、事業者による障害のある人への合理的配慮の提供が義務化され、令和 6 年 4 月から施行されます。

合理的配慮とは

障害のある人は、社会の中にあるバリアによって生活しづらい場合があります。そのため、障害のある人から社会の中にあるバリアを取り除くために何らかの対応を必要としているとの意思が示されたときには、負担が重すぎない範囲で対応することが求められます。

とは言え、どのようなことが合理的配慮に当たるかについてはケースバイケースで異なり、求められたことにすべて応じなければならないわけではありません。相互理解を深め、共に対応案を検討していくためにも「建設的対話」が求められているのです。

「合理的配慮」の留意事項

「合理的配慮」は、事務・事業の目的・内容・機能に照らし、以下の３つを満たすものであることに留意する必要があります。

①必要とされる範囲で本来の業務に付随するものに限られること
②障害者でない者との比較において同等の機会の提供を受けるためのものであること
③事務・事業の目的・内容・機能の本質的な変更には及ばないこと

過重な負担の判断

「過重な負担」の有無については、個別の事案ごとに、以下の要素等を考慮し、具体的場面や状況に応じて総合的・客観的に判断することが必要です。

①事務・事業への影響の程度（事務・事業の目的・内容・機能を損なうか否か）
②実現可能性の程度（物理的・技術的制約、人的・体制上の制約）
③費用・負担の程度
④事務・事業規模
⑤財政・財務状況

Part 7

障害者総合支援法の歴史

2018（平成 30）年に完全施行された「改正障害者総合支援法」は、2016（平成 28）年に可決・成立したものです。障害者やその家族を支える完全な法律・仕組みが完成したとはまだいえませんが、ここに至るまでには、明治時代からの日本の社会福祉の、長い歩みがありました。

Part 7

個人の尊厳を尊重しながら社会参加を支える（障害者総合支援法の基本理念）

障害者総合支援法では、前身となった障害者自立支援法と異なり、初めて「基本理念」が法律上に明記され、その考え方が示されました。

●障害の有無にかかわらず、かけがえのない個人として尊重

日本における障害者福祉の歴史の中で、2013（平成25）年から始まった障害者総合支援法が画期的だったのは、それまでの障害者福祉に関する法律や、障害者総合支援法の直接的な前身である障害者自立支援法では明文化されていなかった**基本理念が明確に示され、法律の条文として盛り込まれたこと**です。

【基本理念】

第１条の２　障害者及び障害児が日常生活又は社会生活を営むための支援は、全ての国民が、障害の有無にかかわらず、等しく基本的人権を享有するかけがえのない個人として尊重されるものであるとの理念にのっとり、全ての国民が、障害の有無によって分け隔てられることなく、相互に人格と個性を尊重し合いながら共生する社会を実現するため、全ての障害者及び障害児が可能な限りその身近な場所において必要な日常生活又は社会生活を営むための支援を受けられることにより社会参加の機会が確保されること及びどこで誰と生活するかについての選択の機会が確保され、地域社会において他の人々と共生することを妨げられないこと並びに障害者及び障害児にとって日常生活又は社会生活を営む上で障壁となるような社会における事物、制度、慣行、観念その他一切のものの除去に資することを旨として、総合的かつ計画的に行わなければならない

この理念では、従来の法律に見られたような、行政が障害者に施すという**措置的な自立支援**ではなく、あくまでも**個人の尊厳を尊重**した上で、住み慣れた地域で社会生活を送るための支援をすることを明確にしています。

障害者総合支援法の基本理念の創設

❶すべての国民が、障害の有無にかかわらず、等しく基本的人権を享有するかけがえのない個人として尊重されるものであるとの理念

❷すべての国民が、障害の有無によって分け隔てられることなく、相互に人格と個性を尊重し合いながら共生する社会を実現

❸可能な限り、その身近な場所において必要な支援を受けられること

❹社会参加の機会の確保

❺どこで誰と生活するかについての選択の機会が確保され、地域社会において他の人々と共生することを妨げられないこと

❻社会的障壁の除去

改正障害者基本法で、目的や基本原則として盛り込まれた上記❶～❻の重要な考え方を、障害者総合支援法の理念としても規定

障害者自立支援法 → **障害者総合支援法**（障害者の日常生活および社会生活を総合的に支援するための法律）

改正障害者基本法を踏まえ、法の目的規定を改正し、基本理念を創設することにより、「障害者自立支援法」を「障害者の日常生活および社会生活を総合的に支援するための法律（障害者総合支援法）」とする

コラム

障害者の意思決定支援

障害者権利条約は、世界の障害者の「私たち抜きに私たちのことを決めないで」という声によって推し進められました。こうした障害者の自己決定権を支える、意思決定支援の充実が求められています。

戦前までの日本の社会福祉
(日本の社会福祉の歴史①)

日本の近代的な社会福祉活動のはじまりは、明治時代までさかのぼります。当時の制度が、現在の生活保護法にまでつながっています。

● 近代的な社会福祉のはじまりは明治の恤救制度(じゅっきゅうせいど)

日本における障害者福祉の歴史を見ると、為政者による障害のある人への政策は、**奈良時代にはすでに始まっていた**といわれます。その上で、現在に至る近代的な意味での社会福祉については、そのスタートは**1874(明治7)年に定められた恤救規則**がはじまりであり、これが現在の**生活保護法**につながります。

こうした明治時代の公的福祉は、**恤救規則に代表される貧困対策**と、**感化法に示されている非行少年の保護を目的とした政策の2つが中心**となりました。

また明治時代の民間における福祉活動は、**篤志家や宗教団体を中心**に行われ、特に子どもに対する福祉活動が活発に行われました。

大正時代になると、1917(大正6)年に岡山県知事である笠井信一が**済世顧問制度**を創設、1918(大正7)年には大阪府知事の林市藏と小河滋次郎が**方面委員制度**を創設し、後の**民生委員・児童委員制度の前身**となりました。この制度はその後全国各地に広がり、昭和時代の初めころには、ほぼ日本の全都道府県に行き渡っています。

● 13歳以下の子どもや妊産婦も保護の対象に

時代が昭和になると、1929(昭和4)年、従来の恤救規則を改めた**救護法**が公布され、保護の対象として13歳以下の子どもや妊産婦が加えられました。

1933(昭和8)年には感化法が**少年救護法**と改められ、**児童虐待防止法**も制定されます。その後、日本が戦時体制となる中、**母子保護法**や**社会事業法**も制定されました。

日本の社会福祉の変遷

明治時代

1874（明治 7）年	慈恵的な貧民救済制度としての「恤救規則」制定 ⇐今日の生活保護法につながるもの
1900（明治 33）年	非行少年に関する「感化法」制定

明治時代の公的福祉は、貧困問題に対応するものと、非行少年に対する政策が中心でした。

●子どもの救済を目的とした代表的な施設と人物

岡山孤児院（1887［明治 20］年）	石井十次が設立。孤児や棄児などを対象とした
静修塾（1890［明治 23］年）	赤沢鍾美夫妻により新潟静修学校に付設された保育所
滝乃川学園（1891［明治 24］年）	石井亮一・筆子により設立。知的障害児を対象とした
北海道家庭学校（1899［明治 32］年）	留岡幸助が設立。現代の児童自立支援施設の原型
二葉幼稚園（1900［明治 33］年）	野口幽香・森島峰（美根）らにより設立。貧民幼稚園の系譜

貧民幼稚園とは、保育制度がなかった時代に、幼稚園関係者が保育所的要素も含みながら低所得者にも活動を広げている場合、「簡易幼稚園」「貧民幼稚園」「慈善幼稚園」などの名称が用いられました。

大正時代

1917（大正 6）年	地域の貧民の相談にのる防貧制度である「済世顧問制度」創設
1918（大正 7）年	低所得者層の救済など地域の社会福祉事業を目的とする「方面委員制度」創設 ⇐これらの制度が、後の民生委員・児童委員制度の前身となる

昭和の初め～戦時下

1929（昭和 4）年	老衰・疾病・貧困などのために生活できない人を救済する法律、「救護法」の公布。1932（昭和 7）年施行 ⇐「恤救規則」に代わるものとして制定
1933（昭和 8）年	「少年救護法」の制定 ⇐「感化法」に代わるものとして制定
1933（昭和 8）年	「児童虐待防止法」の制定
1937（昭和 12）年	生活に困窮した母子に経済的扶助を行う「母子保護法」の制定
1938（昭和 13）年	社会福祉事業に関する基本的事項を定めた「社会事業法」の制定

福祉三法の制定から障害者総合支援法まで（日本の社会福祉の歴史②）

戦後の日本における障害者福祉の原点は、日本国憲法にあります。そこから障害者総合支援法までの歩みを見てみましょう。

●福祉三法から、福祉六法へ

太平洋戦争に敗戦した翌年の1946（昭和21）年に日本国憲法が公布され、第25条に国民の生存権と国の生存権保護義務が規定されました。これが戦後から現在に至る、社会福祉のスタート地点といえるものです。

その後1947（昭和22）年には、戦争で傷ついた軍人のために身体障害者収容授産施設が設置され、児童福祉法も制定されます。次いで1949（昭和24）年には、身体障害者福祉法が、さらに1950（昭和25）年には新しい生活保護法が制定され、児童福祉法・身体障害者福祉法・生活保護法の福祉三法がそろいました。

加えて1960（昭和35）年に精神薄弱者福祉法（後の知的障害者福祉法）、1963（昭和38）年に老人福祉法、翌1964（昭和39）年には母子福祉法（後の母子及び寡婦福祉法）が制定され、これらを福祉三法に加えた福祉六法がそろいました。

●支援費制度から障害者総合支援法へ

戦後の経済成長から1990年代のバブル景気とその破綻を経て、2000（平成12）年には介護保険制度が、2003（平成15）年には障害者福祉において障害者が自らサービスを選び、契約に基づいてサービスを利用するという支援費制度が始まります。

次いで2005（平成17）年には障害者自立支援法が制定され、翌年4月から施行されました。しかし障害者自立支援法には様々な問題があったことから、それから8年後の2013（平成25）年に、障害者自立支援法は障害者総合支援法と改称され、内容を見直されて現在に至っています。

日本の障害者福祉の歩み

憲法第 25 条

❶すべて国民は、健康で文化的な最低限度の生活を営む権利を有する

❷国は、すべての生活部面において、社会福祉、社会保障及び公衆衛生の向上及び増進に努めなければならない

1947（昭和 22）年	「身体障害者収容授産施設」の設置 **「児童福祉法」**の制定
1949（昭和 24）年	**「身体障害者福祉法」**の制定 制定時の目的：身体障害者の更生を援助し、更生のために必要な援助を行うことで、身体障害者の福祉を図る 制定時の定義：特定の人体障害のため、職業能力が損傷されている 18 歳以上の人で、肢体障害者手帳の交付を受けた人
1950（昭和 25）年	**「生活保護法」**の制定
1960（昭和 35）年	「精神薄弱者福祉法」（1998［平成 10］年に**「知的障害者福祉法」**に改正）の制定
1963（昭和 38）年	**「老人福祉法」**の制定
1964（昭和 39）年	「母子福祉法」（1981［昭和 56］年に**「母子及び寡婦福祉法」**に改正）の制定
2000（平成 12）年	「介護保険制度」の施行
2003（平成 15）年	「支援費制度」の設置
2005（平成 17）年	「障害者自立支援法」（2013［平成 25］年に「障害者総合支援法」に改正）の制定

福祉三法

福祉六法

「身体障害者福祉法」の現在の目的と定義

目的　身体障害者の自立と社会活動への参加を促進するため、必要な援助と保護を行うことで、身体障害者の福祉の増進を図る

定義　特定の身体障害のある 18 歳以上の人で、身体障害者手帳の交付を受けた人

措置から契約へと変わった支援費制度（障害者自立支援法ができた理由）

利用者の自己決定権を尊重した「支援費制度」でしたが、課題や問題点もあったため、これに代わる「障害者自立支援法」ができました。

●「措置」から「契約」への大転換

2003（平成15）年、それまでの障害福祉サービスのあり方を一新する、大きな制度改革が実施されました。これが**支援費制度**です。

支援費制度は、1997（平成9）年から進められた社会福祉基礎構造改革を受けて、それまでの**行政がサービス利用を決める措置制度から、利用者がサービスを選んで決定する契約制度へ**と障害福祉サービスの根本を変える、たいへん大きな制度改革でした。

これに伴い、サービスを提供する側についても規制緩和が行われ、民間企業やNPO法人も含めた様々な経営主体が、サービス提供者として障害福祉サービスに参入できるようになりました。

●障害者の種別や地域での格差が問題に

支援費制度は、利用者である**障害者の自己決定権の尊重**という点で、従来の制度から一歩前進したものでした。また民間事業者の参入は、サービスの質の向上に資する効果が期待されました。

しかし支援費制度は、その後サービス利用者や提供量が急増したことにより、財源の確保が難しくなってきました。また、支援費制度の対象は、身体障害者と知的障害者とされており、精神障害者が含まれていませんでした。さらに、障害の種別によってサービス水準に差が見られたり、利用者が住む地域によっても受けられる障害福祉サービスに格差が見られるようになってしまったのです。

このような支援費制度の課題や問題点を解消するために、2005（平成17）年に制定されたのが**障害者自立支援法**です。

措置制度と支援費制度の違い

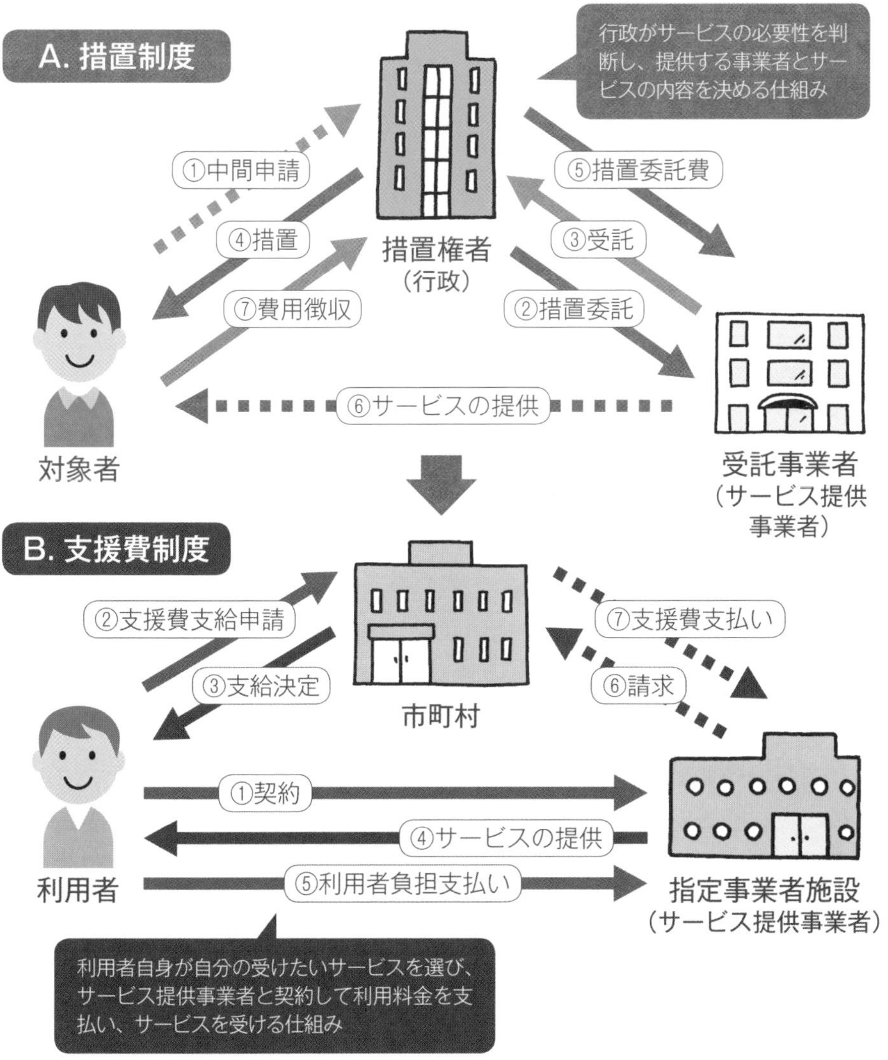

支援費制度のメリット・デメリット

メリット	利用者の自己決定権の尊重、民間の営利団体など、多様な経営主体の社会福祉への参入
デメリット	障害者の種別による格差、地域間の格差、財源の不足

定率負担などの課題の解消が求められた（障害者自立支援法から障害者総合支援法へ）

サービス利用料の定率負担をはじめとした障害者自立支援法の問題点を解決すべく、新たに「障害者総合支援法」が誕生します。

●新たな「定率負担」が大きな問題に

支援費制度が抱えていた課題や問題点を解消するべく、新たに制定された**障害者自立支援法**は、2006（平成18）年4月から施行されました。

障害者自立支援法では、支援費制度などの反省を踏まえ、**障害者施策の3障害（身体・知的・精神）の一元化**、**利用者本位のサービス体系への再編**、**就労支援の抜本的強化**、**支給決定の透明化・明確化**などが図られました。なかでも支援費制度を実施する中で大きな課題となっていた「安定的な財源の確保」については、利用者も応分の費用を負担するということで、サービス利用料については、**利用者が受けたサービスの量に応じて原則1割を自己負担とする定率負担を導入**しました。

●障害者総合支援法の誕生

障害者自立支援法における定率負担は、重度の障害であるほど負担額が増加します。しかも、それまでの支援費制度では、**利用者世帯の所得に応じて定められた負担額を支払う応能負担**でしたので、障害者自立支援法の施行によって、障害者の所得が変わっていないのに、負担だけが増えてしまうという事例も見られるようになります。

あるいは、就労支援施設で働いて得た収入よりも、自己負担額が多くなってしまうために、サービスの利用を止めざるをえないといったケースも数多く見られるようになりました。

こうした問題を解決するべく、2010（平成22）年に再び費用については**応能負担が原則**とされ、さらに2013（平成25）年には、障害者自立支援法が**障害者総合支援法**と改称され、制度の見直しが行われました。

障害者自立支援法から障害者総合支援法への改正点

題名	「障害者自立支援法」を「障害者の日常生活および社会生活を総合的に支援するための法律(障害者総合支援法)」とする
基本理念	法に基づく日常生活・社会生活の支援が、共生社会を実現するため、社会参加の機会の確保および地域社会における共生、社会的障壁の除去に資するよう、総合的かつ計画的に行われることを法律の基本理念として新たに掲げる
障害者の範囲(障害児の範囲も同様に対応)	「制度の谷間」を埋めるべく、障害者の範囲に難病等を加える
障害支援区分の創設	「障害程度区分」について、障害の多様な特性その他の心身の状態に応じて必要とされる標準的な支援の度合いを総合的に示す「障害支援区分」に改める ※ 障害支援区分の認定が知的障害者・精神障害者の特性に応じて行われるよう、区分の制定にあたっては適切な配慮等を行う
障害者に対する支援	❶ 重度訪問介護の対象拡大(重度の肢体不自由者等であって常時介護を要する障害者として厚生労働省令で定めるものとする) ❷ 共同生活介護(ケアホーム)の共同生活援助(グループホーム)への一元化 ❸ 地域移行支援の対象拡大(地域における生活に移行するため重点的な支援を必要とする者であって厚生労働省令で定めるものを加える) ❹ 地域生活支援事業の追加(障害者に対する理解を深めるための研修や啓発を行う事業、意思疎通支援を行う者を養成する事業等)
サービス基盤の計画的整備	❶ 障害福祉サービス等の提供体制の確保にかかわる目標に関する事項および地域生活支援事業の実施に関する事項についての障害福祉計画の策定 ❷ 基本指針・障害福祉計画に関する定期的な検証と見直しを法定化 ❸ 市町村は障害福祉計画を作成するにあたって、障害者等のニーズ把握等を行うことを努力義務化 ❹ 自立支援協議会の名称について、地域の実情に応じて定められるよう弾力化すると共に、当事者や家族の参画を明確化

利用者負担についての見直し

利用者負担とは

- 食材費や光熱水費などは自己負担
- 障害に伴う必要な支援は原則無償だが、高額な収入のある者には応能負担を求める

- 市町村民税非課税世帯の利用者負担無料（2010［平成22］年4月〜）
- 応能負担を原則とすることを法律上も明記、高額障害福祉サービス等給付費等を補装具と合算することで、利用者負担を軽減（2012［平成24］年4月〜）
- 自立支援医療の利用者負担等は引き続き検討

地域支援強化と制度の抜本的改革の可能性（今後の動き）

少子高齢化や経済成長の鈍化により、社会保障費抑制が問われている今、障害福祉の在り方にはさらなる議論が求められています。

●今後求められる地域包括ケア

2016（平成28）年の障害者総合支援法改正では、特に**障害者の地域支援の在り方が主な改正の中心**となりました。障害者への地域支援は、利用者のニーズが多様である一方、実施主体となる市町村ごとに支援体制に違いがあり、利用できる社会資源にも差があります。

このため国では、障害者の地域生活支援を強化するために、平成29年度末までに**各市町村または各障害福祉圏に、少なくとも１つ、地域生活支援拠点などを整備すること**を示しています。

このような施策が目指しているものは、障害者の高齢化や重度化を念頭に、年齢にかかわらず、障害のある子どもから大人まで、自分が住み慣れた地域で安心して暮らせるための支援を、切れ目なく提供できる仕組みを構築しようというものです。

こうした意味で障害者福祉の領域においても、すでに医療・介護領域で進められている**地域包括ケアシステム**の構築が強く求められています。

●応益負担の再導入や介護保険制度との一元化も？

大きな政策的視点で見ると、現在、日本は急激な少子高齢化を迎え、2025年には国民の３人に１人が65歳以上、５人に１人が75歳以上となります。

こうした超高齢化社会で、年々膨大な額に増えていく社会保障費を抑制するために、たとえば障害福祉サービスにおける**応益負担**の再導入や、介護保険制度と障害者総合支援制度の一元化の可能性なども指摘されています。しかし、こうした政策は障害者本人や家族への負担増大につながりかねず、さらなる議論が求められています。

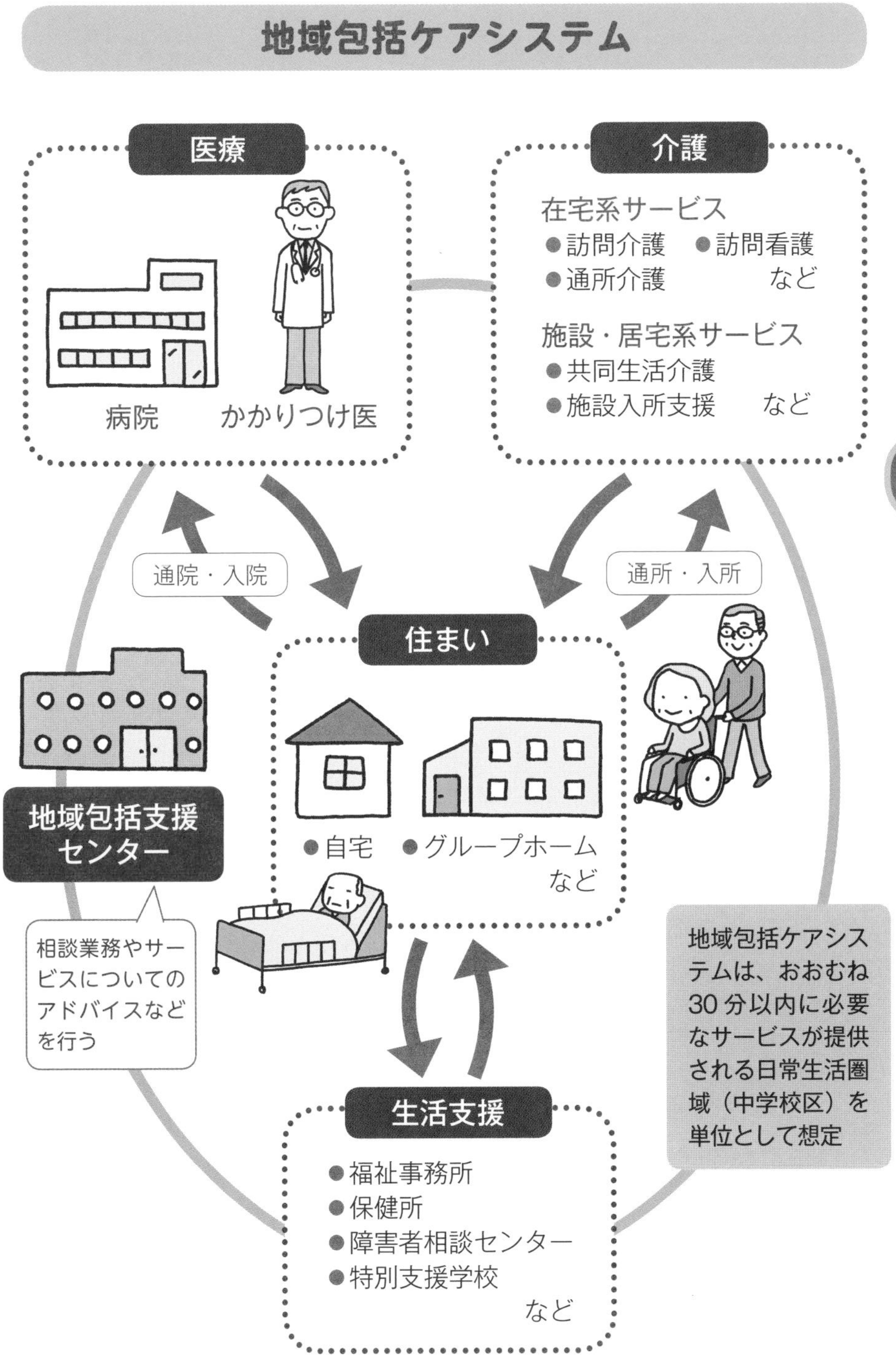
地域包括ケアシステム
医療
病院
かかりつけ医
介護
在宅系サービス
●訪問介護　●訪問看護
●通所介護　など
施設・居宅系サービス
●共同生活介護
●施設入所支援　など
通院・入院
通所・入所
住まい
●自宅　●グループホーム
など
地域包括支援センター
相談業務やサービスについてのアドバイスなどを行う
地域包括ケアシステムは、おおむね30分以内に必要なサービスが提供される日常生活圏域（中学校区）を単位として想定
生活支援
●福祉事務所
●保健所
●障害者相談センター
●特別支援学校
など

障害者の権利宣言

コラム

法的拘束力を付与した障害者権利条約

2006（平成 18）年に国連総会で採択された障害者の権利に関する条約（障害者権利条約）は、すべての障害者に対して、あらゆる人権の基本的自由を平等に保障しています。そして、この条約で特筆すべき点は、条約に法的拘束力を付与し、条約を批准した国は、その内容に沿って法律や制度を整備し、実施しなければならないと定めたことです。

このように、障害者権利条約は、世界的にも画期的な国際条約ですが、ここに至るまでには、長い時間が必要でした。

障害者権利条約の先駆けとなった「障害者の権利宣言」

国際的な障害者の権利擁護という点で、障害者権利条約の先駆けとなったものが、1975（昭和 50）年に国連総会の決議において採択された障害者の権利宣言です。

この宣言は、障害者の基本的人権と障害者が直面する問題に関する指針を示したものです。具体的には、障害者の権利として次のように示し、国際社会に対して障害者に対する差別と不平等の是正を訴えました。

- 年齢相応の生活を送る権利
- 他の人々と同等の市民権および政治的権利
- 可能な限り自立できるための各種施策を受ける権利
- 医療、教育、職業訓練、リハビリテーション等のサービスを受ける権利
- 経済的・社会的保障、一定の生活水準の保持および報酬を得られる職業従事の権利
- 特別のニーズが考慮される権利
- 家族と共に生活する権利
- 搾取や虐待から保護される権利
- 人格・財産保護についての法的な援助を受ける権利

この宣言から障害者権利条約の採択まで、約 30 年という長い時間がかかりましたが、日本も含めた国際社会は、着実に障害者の権利宣言が謳う理念の実現を目指しています。

障害者権利条約の各締約国による会議が、毎年６月、国際連合本部で開催されていて、各締約国は、国連の障害者権利委員会に対し、定期的に政府報告を提出することが義務付けられています。

Part 8

障害者にまつわる様々な法律・支援策

障害者とその家族を支える法律や仕組みは、「障害者総合支援法」や「児童福祉法」だけではありません。「障害者基本法」や「障害者差別解消法」、さらには「障害者権利条約」など、様々な法律や条約を実施・実現することが、本当の意味でのノーマライゼーションにつながります。

障害者福祉の基本理念を示した法律（障害者基本法）

障害者基本法は、わが国における障害者（児）福祉の基本理念を示した法律であり、自立や社会参加支援の推進などが示されています。

●すべての人が、かけがえのない個人として尊重される

障害者基本法は、1970（昭和 45）年に制定された、**心身障害者対策基本法**を、1993（平成 5）年に改正して制定されたものです。この法律では、**障害者の自立や社会参加を支援するための施策について基本事項を定めています**。

（目的）

第一条　この法律は、全ての国民が、障害の有無にかかわらず、等しく基本的人権を享有するかけがえのない個人として尊重されるものであるとの理念にのっとり、全ての国民が、障害の有無によって分け隔てられることなく、相互に人格と個性を尊重し合いながら共生する社会を実現するため、障害者の自立及び社会参加の支援等のための施策に関し、基本原則を定め、及び国、地方公共団体等の責務を明らかにするとともに、障害者の自立及び社会参加の支援等のための施策の基本となる事項を定めること等により、障害者の自立及び社会参加の支援等のための施策を総合的かつ計画的に推進することを目的とする

●障害の定義や施策推進のための基本的事項を示す

障害者基本法では、対象とする障害を**「身体障害」「知的障害」「精神障害（発達障害を含む）」と定義**し、障害者の福祉を増進するために、国や地方公共団体だけでなく、**社会の連帯という理念に基づいて国民の責務も明らかにしています**。

基本的な施策として、医療、介護、年金、教育、職業相談、雇用の促進、住宅の確保、公共的施設のバリアフリー化、情報の利用におけるバリアフリー化、相談、経済的負担の軽減、文化的諸条件の整備を掲げています。

障害者にかかわる法律

障害者総合支援法				
身体障害者福祉法	知的障害者福祉法	精神保健及び精神障害者福祉に関する法律	児童福祉法	発達障害者支援法
障害者基本法				

ベースとして、国としての理念を示す「障害者基本法」があり、その上に障害種別ごとに定義を示す「身体障害者福祉法」「知的障害者福祉法」「精神保健及び精神障害者福祉に関する法律」「児童福祉法」「発達障害者支援法」があります。そこに、障害者の定義に該当する人に対するサービスの仕組みを定めた「障害者総合支援法」があります。

障害者基本法

第一章	総則
第二章	障害者の自立及び社会参加の支援等のための基本的施策
第三章	障害の原因となる傷病の予防に関する基本的施策
第四章	障害者政策委員会等

障害者基本法には、努力義務の形だが、事業主の障害者雇用に関する責任も明記されている

障害者の雇用促進のための措置を定める(障害者雇用促進法)

障害者の雇用義務等に基づく雇用の促進等のための措置、職業リハビリテーションの措置等を通じて、障害者の職業の安定を図ります。

●障害者への雇用対策の基盤

障害のある人たちの就労意欲は近年急速に高まっており、障害者が職業を通じて、尊厳を持って自立した生活を住み慣れた地域で送ることができるよう、国では様々な障害者雇用対策を進めています。

こうした障害者への雇用対策の基盤となるのが**障害者雇用促進法**です。この法律は、「障害者の雇用義務等に基づく雇用の促進等のための措置、職業リハビリテーションの措置などを通じて、障害者の職業の安定を図ること」を目的に、事業者と障害者に対して、それぞれへの措置を定めたもので、1960(昭和35)年に制定され、直近では2013(平成25)年に大きな改正が行われました。

●事業主と障害者それぞれへの措置

障害者を雇用する事業者側には、以下の措置が定められています。

❶雇用義務制度

事業主に対し、障害者雇用率に相当する人数の身体障害者・知的障害者の雇用を義務付ける　※2018(平成30)年4月からは精神障害者を追加

❷納付金制度

(ア)納付金・調整金/障害者の雇用に伴う事業主の経済的負担の調整を図る

(イ)助成金各種/障害者を雇い入れるための施設の設置、介助者の配置等に助成金を支給

障害者本人に対する措置としては、職業リハビリテーションの実施が示され、「地域の就労支援関係機関において障害者の職業生活における自立を支援(福祉施策との有機的な連携を図りつつ推進)」するとされています。

障害者雇用促進法の概要

目的 障害者の雇用義務等に基づく雇用の促進等のための措置、職業リハビリテーションの措置等を通じて、障害者の職業の安定を図ること

事業主に対する措置

- 雇用義務制度
  ❶事業主に対し、障害者雇用率に相当する人数の身体障害者・知的障害者の雇用を義務付ける
- 納付金制度
  納付金・調整金
  ❷障害者の雇用に伴う事業主の経済的負担の調整を図る
  助成金各種
  ❸障害者を雇い入れるための施設の設置、介助者の配置等に助成金を支給

障害者本人に対する措置

- 職業リハビリテーションの実施
  ❹地域の就労支援関係機関において障害者の職業生活における自立を支援

障害者の雇用の促進等に関する法律の一部を改正する法律の概要

令和５年４月１日施行分

- 雇用の質の向上のための事業主の責務の明確化
- 有限責任事業組合（LLP）算定特例の全国展開
- 在宅就業支援団体の登録要件の緩和
- 精神障害者である短時間労働者の雇用率算定に係る特例の延長（省令改正）

令和６年４月１日施行分

- 週所定労働時間10時間以上20時間未満で働く重度の身体・知的障害者、精神障害者の算定特例
- 障害者雇用調整金・報奨金の支給方法の見直し
- 納付金、助成金の新設・拡充等

障害特性により長時間の勤務が困難な障害者の雇用機会の拡大を図る観点から、特に短い時間（週所定労働時間が10時間以上20時間未満）で働く重度身体障害者、重度知的障害者、精神障害者を雇用した場合、特例的な取扱いとして、実雇用率上、１人をもって0.5人と算定する

なお、週10時間以上20時間未満で働く障害者を雇用する事業主に対して支給していた特例給付金は、令和６年４月１日をもって廃止となる

政府が講ずる障害者施策の最も基本的な計画(障害者基本計画)

国は障害者基本法に基づいて、障害者に対する施策の総合的かつ計画的な推進を図るために、障害者基本計画を定めています

●これまでの障害者基本計画

障害者基本計画は、次の理念を持ち設定されました。

「共生社会の実現に向け、障害者が、自らの決定に基づき社会のあらゆる活動に参加し、その能力を最大限発揮して自己実現できるよう支援するとともに、障害者の社会参加を制約する社会的障壁を除去するため、施策の基本的な方向を定める」

その始まりとなったのが平成5年度から平成14年度にかけて実施された障害者施策に関する新長期計画です。平成15年度から平成24年度には第2次計画が策定・実施され、その後も5年ごとに第3次計画、第4次計画が策定・実施されました。

●第5次計画は令和5年からの5年間が対象に

第4次計画が令和4年度をもって満了することを踏まえ、障害者政策委員会を中心に調査審議が行われてきました。現在の社会情勢や動向なども踏まえつつ、障害者施策の大きな方向性や取り組むべき政策課題について議論が行われた結果、令和4年12月に「障害者基本計画（第5次）の策定に向けた障害者政策委員会意見」が取りまとめられました。本基本計画は、令和5年度からの5年間を対象としています。

令和4年5月には、障害者による情報の取得や利用、意思疎通に関わる施策を総合的に推進することを目的として、障害者による情報の取得および利用、ならびに意思疎通に係る施策の推進に関する法律が制定されました。同法の規定の趣旨を踏まえ、障害者基本計画の策定や変更が行われています。

第5次障害者基本計画の概要

障害者基本計画 障害者基本法に基づき政府が策定する障害者施策に関する基本計画

1．差別の解消、権利擁護の推進及び虐待の防止

●**社会のあらゆる場面における障害者差別の解消**
- 家族に対する相談支援や障害福祉サービス事業所等における虐待防止委員会の設置等、虐待の早期発見や防止に向けた取組
- 障害福祉サービスの提供に当たり、利用者の意思に反した異性介助が行われることがないよう、取組を推進
- 障害者差別解消法の円滑な施行に向けた取組等の推進

2．安全・安心な生活環境の整備

●**移動しやすい環境の整備、まちづくりの総合的な推進**
- 公共交通機関や多数の人が利用する建築物のバリアフリー化
- 接遇ガイドライン等の普及・啓発等の「心のバリアフリー」の推進
- 歩道が設置されていない道路や踏切道の在り方について検討、信号機等の整備
- 国立公園等の主要な利用施設のバリアフリー化や情報提供等の推進

3．情報アクセシビリティの向上及び意思疎通支援の充実

●**障害者に配慮した情報通信・放送・出版の普及、意思疎通支援の人材育成やサービスの利用促進**
- 情報アクセシビリティ・コミュニケーション施策推進法に基づく施策の充実
- 公共インフラとしての電話リレーサービス提供の充実
- 手話通訳者や点訳者等の育成、確保、派遣

4．防災、防犯等の推進

●**災害発生時における障害特性に配慮した支援**
- 福祉避難所、車いす利用者も使える仮設住宅の確保
- 福祉・防災の関係者が連携した個別避難計画等の策定、実効性の確保
- 障害特性に配慮した事故や災害時の情報伝達体制の整備

5．行政等における配慮の充実

●**司法手続や選挙における合理的配慮の提供等**
- 司法手続（民事・刑事）における意思疎通手段の確保
- 障害特性に応じた選挙等に関する情報提供の充実、投票機会の確保
- 国家資格試験の実施等に当たり障害特性に応じた合理的配慮の提供

6．保健・医療の推進

●**精神障害者の早期退院と地域移行、社会的入院の解消**
- 切れ目のない退院後の精神障害者への支援
- 精神科病院に入院中の患者の権利擁護等のため、病院を訪問して行う相談支援の仕組みの構築
- 精神科病院における非自発的入院のあり方及び身体拘束等に関する課題の整理を進め、必要な見直しについて検討

7．自立した生活の支援・意思決定支援の推進

●**意思決定支援の推進、相談支援体制の構築、地域移行支援・在宅サービス等の充実**
- ヤングケアラーを含む家族支援、サービス提供体制の確保
- 障害のある子どもに対する支援の充実

8．教育の振興

●**インクルーシブ教育システムの推進・教育環境の整備**
- 自校通級、巡回通級の充実をはじめとする通級による指導の一層の普及
- 教職員の障害に対する理解や特別支援教育に係る専門性を深める取組の推進
- 病気療養児へのICTを活用した学習機会の確保の促進

9．雇用・就業、経済的自立の支援

●**総合的な就労支援**
- 地域の関係機関が連携した雇用前・後の一貫した支援、就業・生活両面の一体的支援
- 雇用・就業施策と福祉施策の組合せの下、年金や諸手当の支給、税制優遇措置、各種支援制度の運用
- 農業分野での障害者の就労支援（農福連携）の推進

10．文化芸術活動・スポーツ等の振興

●**障害者の芸術文化活動への参加、スポーツに親しめる環境の整備**
- 障害者の地域における文化芸術活動の環境づくり
- 日本国際博覧会の施設整備、文化芸術の発信などの環境づくり
- 障害の有無に関わらずスポーツを行うことのできる環境づくり

11．国際社会での協力・連携の推進

●**文化芸術・スポーツを含む障害者の国際交流の推進**
- 障害者分野における国際協力への積極的な取組
- 障害者の文化芸術など日本の多様な魅力を発信

障害者への虐待を防ぐための法律
（障害者虐待防止法）

障害者に対する様々な虐待について、相談や通報などの受け付け、早期発見や虐待防止を目的に定められた法律が、障害者虐待防止法です。

● 多様な形で起こる障害者への虐待を防ぐために

たいへん残念なことですが、現在の社会では、様々な場所で障害者の尊厳を傷つける虐待が起きています。これまでの報告では、障害者に対する虐待は、障害者の家族、障害者福祉施設の職員、勤め先の経営者などから、暴力による身体的な虐待を受けたり、あるいは正当な賃金が払われないといった経済的な虐待など、様々なケースがあります。

このような障害者に対する虐待を防ぐため、2011（平成 23）年に**障害者虐待の防止、障害者の養護者に対する支援等に関する法律（障害者虐待防止法）**が制定され、翌 2012（平成 24）年 10 月から施行されました。

● 障害者虐待防止法の内容

障害者虐待防止法では、対象となる障害者について、障害者基本法が定める障害者と同じと定めています。この法律に基づいて、全国の市町村や都道府県には、**障害者に対する虐待の防止や対応のために２つの窓口が設置**されました。市町村障害者虐待防止センターは、障害者虐待についての相談や通報の受付と対応、都道府県障害者権利擁護センターは、市町村が行う障害者虐待対応を支援します。

また、従業者への研修実施と虐待防止等のための責任者の設置は努力義務とされていましたが、**令和４年度からは義務化**されました。令和 4 年度に新たに義務化されたのは、次の 2 つです。

- 虐待防止のための対策を検討する委員会として虐待防止委員会を設置するとともに、委員会での検討結果を従業者に周知徹底する
- 虐待の防止等のための責任者の設置

障害者虐待防止法の概要

目的 障害者に対する虐待が障害者の尊厳を害するものであり、障害者の自立および社会参加にとって障害者に対する虐待を防止することが極めて重要であること等に鑑み、障害者に対する虐待の禁止、国等の責務、障害者虐待を受けた障害者に対する保護および自立の支援のための措置、養護者に対する支援のための措置等を定めることにより、障害者虐待の防止、養護者に対する支援等に関する施策を促進し、もって障害者の権利利益の擁護に資することを目的とする

定義

1「障害者」とは、身体・知的・精神障害その他の心身の機能の障害がある者であって、障害および社会的障壁により継続的に日常生活・社会生活に相当な制限を受ける状態にあるものをいう

2「障害者虐待」とは、①養護者による障害者虐待、②障害者福祉施設従事者等による障害者虐待、③使用者による障害者虐待をいう

3 障害者虐待の類型は、①身体的虐待、②放棄·放置、③心理的虐待、④性的虐待、⑤経済的虐待の５つ

虐待防止施策

❶ 何人も障害者を虐待してはならない旨の規定、障害者の虐待の防止にかかわる国等の責務規定、障害者虐待の早期発見の努力義務規定を置く

❷「障害者虐待」を受けたと思われる障害者を発見した者に速やかな通報を義務付けると共に、障害者虐待防止等にかかわる具体的スキームを定める

❸ 就学する障害者、保育所等に通う障害者および医療機関を利用する障害者に対する虐待への対応について、その防止等のための措置の実施を学校の長、保育所等の長および医療機関の管理者に義務付ける

障害者虐待の例

区分	具体例
身体的虐待	•暴力や体罰によって身体に傷やあざ、痛みを与えること •身体を縛り付けたり、過剰に投薬したりすることによって身体の動きを抑制すること
性的虐待	•性的な行為を強要すること •わいせつな言葉を発すること
心理的虐待	•脅し、侮辱などの言葉を浴びせること •仲間はずれや無視、嫌がらせなどによって精神的に苦痛を与えること
ネグレクト（放棄・放置）	•食事や排せつ、入浴、洗濯など身辺の世話や介助をしないこと •必要な福祉サービスや医療、教育を受けさせないこと
経済的虐待	•本人の合意なしに、あるいはだますなどして財産や年金、賃金を使ったり勝手に運用すること •本人が希望する金銭の使用を理由なく制限すること

障害者の人権・自由・平等を保障する（障害者権利条約）

すべての障害者の人権や自由、平等を保障する国際的な条約が「障害者権利条約」であり、障害者の権利の国際的な標準を示しています。

●国内法の整備の末、2014 年に批准

障害者の権利に関する条約（障害者権利条約）は、2006（平成 18）年に国連総会によって採択された国際的な条約です。日本は 2007（平成 19）年に条約に署名しました。

しかし、国内法の未整備によって条約の批准が難しいことから、国は 2009（平成 21）年に障がい者制度改革推進本部を設置。2011（平成 23）年には障害者基本法を改正しました。さらに、2012（平成 24）年には障害者総合支援法が成立し、翌 2013（平成 25）年には障害者差別解消法の成立や障害者雇用促進法の改正などを進めてきました。こうして 2014(平成 26)年、日本国政府は国連に批准書を提出し、承認されました。

●障害者権利条約の 3 つの柱

障害者権利条約は、障害者の権利や尊厳を保護・促進するための包括的・総合的な国際条約であり、大きく以下の 3 点を定めています。

❶一般的義務として、障害を理由とするいかなる差別（合理的配慮の否定を含む）もなしに、すべての障害者のあらゆる人権・基本的自由を完全に実現することを確保・促進すべきこと

❷身体の自由、拷問禁止等の“自由権的権利”および教育、労働等の“社会権的権利”について、締約国が取るべき措置

❸条約の実施を促進・保護・監視するための枠組みを維持、強化、指定または設置すること

この条約を批准した国は、こうした条約の内容に従って、法律や制度を整備し実施しなければなりません。

障害者権利条約締結までの流れ

2006年12月	国連総会で条約が採択
2007年9月	日本が条約に署名
2008年5月	条約が発効
2011年8月	障害者基本法改正
2012年6月	障害者総合支援法の成立
2013年6月	障害者差別解消法の成立、障害者雇用促進法改正

↓

2014年1月 日本は「障害者権利条約」を締結。２月に条約が発効

2016 年時点で、障害者権利条約の締結国・地域は172にのぼります。

障害者権利条約の条文構成

第1条	目的
第2条	定義
第3条	一般原則
第4条	一般的義務
第5条	平等および無差別
第6条	障害のある女子
第7条	障害のある児童
第8条	意識の向上
第9条	施設およびサービス等の利用の容易さ
第10条	生命に対する権利
第11条	危険な状況および人道上の緊急事態
第12条	法律の前に等しく認められる権利
第13条	司法手続の利用の機会
第14条	身体の自由および安全
第15条	拷問または残虐な、非人道的なもしくは品位を傷つける取扱いもしくは刑罰からの自由
第16条	搾取、暴力および虐待からの自由
第17条	個人をそのままの状態で保護すること
第18条	移動の自由および国籍についての権利
第19条	自立した生活および地域社会への包容
第20条	個人の移動を容易にすること
第21条	表現および意見の自由並びに情報の利用の機会
第22条	プライバシーの尊重
第23条	家庭および家族の尊重
第24条	教育
第25条	健康
第26条	リハビリテーション（適応のための技術の習得、およびリハビリテーション）
第27条	労働および雇用
第28条	相当な生活水準および社会的な保障
第29条	政治的および公的活動への参加
第30条	文化的な生活、レクリエーション、余暇およびスポーツへの参加
第31条	統計および資料の収集
第32条	国際協力
第33条	国内における実施および監視
第34条	障害者の権利に関する委員会
第35条	締約国による報告
第36条	報告の検討
第37条	締約国と委員会との間の協力
第38条	委員会と他の機関との関係
第39条	委員会の報告
第40条	締約国会議
第41条	寄託者
第42条	署名
第43条	拘束されることについての同意
第44条	地域的な統合のための機関
第45条	効力発生
第46条	留保
第47条	改正
第48条	廃棄
第49条	利用しやすい様式
第50条	正文

障害を理由としての差別をなくす
(障害者差別解消法)

この法律は、すべての国民が、障害の有無によって分け隔てられることなく、人格と個性を尊重し共生する社会の実現を目指すものです。

●差別的取り扱いや「合理的配慮」の不提供を差別と規定

障害者差別解消法（障害を理由とする差別の解消の推進に関する法律）は、すべての国民が、障害の有無によって分け隔てられることなく、相互に人格と個性を尊重し合いながら共生する社会の実現に向け、障害を理由とする差別の解消を推進することを目的として、2016（平成28）年から施行されました。

この法律では、障害者に対する不当な差別的取り扱いや合理的配慮の不提供を差別と規定しています。その上で行政機関や事業者に対して、差別の解消に向けた具体的な取組みを求めるとともに、障害者も含めた国民一人ひとりが、それぞれの立場において自発的に取り組むことを促しています。

なかでも、この法律によって規定された合理的配慮の提供にあたる行為は、社会の様々な場面において日常的に実践されているものもあり、こうした取組みを広く社会に示すことによって、一人ひとりの、障害に関する正しい知識や理解が深まり、障害者との対話による相互理解が促進され、取組みの裾野が一層広がることが期待されています。

●対象となる「障害者」と「事業者」

この法律の対象として定義されている障害者は、身体障害、知的障害、精神障害（発達障害を含む）、その他の心身の機能の障害がある人であり、障害や社会のバリアによって、日常生活や社会生活に相当な制限を受ける状態にある、児童も含むすべての人が対象となっています。

一方でこの法律の対象となる事業者とは、会社や個人事業者はもとより、ボランティアを行うグループなども含まれます。

不当な差別的取り扱いとは？

障害がある人に対し、正当な理由なく障害を理由としてサービスの提供を拒否することや、サービスを提供する際に場所や時間帯などを制限すること、障害のない人にはつけない条件をつけることなどが不当な差別的取り扱いです。

不当な差別的取り扱いの例

- 受付の対応を拒否する
- 本人を無視し、介助者や支援者、付添人だけに話しかける
- 学校の受験や入学を拒否する
- 不動産会社において、障害者向け物件はないといい、対応しない
- 保護者や介助者が一緒でないとお店に入れない

合理的配慮とは？

障害のある人から、社会の中にあるバリアを取り除くために何らかの対応を必要としているとの意思が伝えられたとき、負担が重すぎない範囲で対応すること。負担が重すぎる場合は、障害のある人にその理由を説明し、話し合い、理解を得るよう努めることが必要です。

合理的配慮の例

- 障害のある人の障害特性に応じて舞台の座席を決める
（聴覚障害者に対し、手話や字幕などが見えるよう、舞台の前のほうの座席にするなど）
- 書類記入の依頼時に、記入方法などを本人の目の前で示したり、わかりやすい記述で伝達したりする
- 意思を伝え合うために絵や写真、タブレット端末などを使う
- 車いすなどの場合、段差があるときにはスロープなどを使って補助する

身体障害者の積極的な社会参加を促す（身体障害者福祉法）

身体障害者が積極的に社会参加に努めることや、それについて国民や行政が協力することなどが規定されている法律です。

●身体障害者への援助・保護などで福祉の増進を図る

身体障害者福祉法は、1949（昭和 24）年に制定されたもので、福祉三法の１つです。この法律は、身体障害者の自立や社会における経済活動などへの参加を促すために、身体障害者を援助し、必要に応じて保護し、身体障害者の福祉の増進を図ることを目的としています。

（法の目的）

第一条　この法律は、障害者の日常生活及び社会生活を総合的に支援するための法律と相まつて、身体障害者の自立と社会経済活動への参加を促進するため、身体障害者を援助し、及び必要に応じて保護し、もつて身体障害者の福祉の増進を図ることを目的とする

この法律に基づいて、身体障害者の福祉に関する事項を調査・審議するための機関である身体障害者福祉審議会が置かれます。さらに援護のための機関として福祉事務所、身体障害者福祉司、更生相談所、身体障害者相談員などが置かれ、それぞれの業務を実施します。また、身体障害者更生援護施設を設置する場合の基準なども定めています。

●対象となるのは身体障害者手帳の交付を受けた人

身体障害者福祉法の対象となる障害者は、「別表に掲げる身体上の障害がある 18 歳以上の者であって、都道府県知事から身体障害者手帳の交付を受けたもの」とされています。

身体障害者手帳は、身体障害者福祉法第 15 条に基づき、対象者の居住地の都道府県知事が発行します。ただし、対象となる人の住まいが政令指定都市か中核市である場合は、その政令指定都市・中核市が発行します。

身体障害者の範囲

❶ 次に掲げる視覚障害で、永続するもの

1 両眼の視力（万国式試視力表によって測ったものをいい、屈折異常がある者については、矯正視力について測ったものをいう。以下同じ）がそれぞれ 0.1 以下のもの
2 一眼の視力が 0.02 以下、他眼の視力が 0.6 以下のもの
3 両眼の視野がそれぞれ 10 度以内のもの
4 両眼による視野の 2 分の 1 以上が欠けているもの

❷ 次に掲げる聴覚または平衡機能の障害で、永続するもの

1 両耳の聴力レベルがそれぞれ 70 デシベル以上のもの
2 一耳の聴力レベルが 90 デシベル以上、他耳の聴力レベルが 50 デシベル以上のもの
3 両耳による普通話声の最良の語音明瞭度が 50 パーセント以下のもの
4 平衡機能の著しい障害

❸ 次に掲げる音声機能、言語機能またはそしゃく機能の障害

1 音声機能、言語機能またはそしゃく機能の喪失
2 音声機能、言語機能またはそしゃく機能の著しい障害で、永続するもの

❹ 次に掲げる肢体不自由

1 一上肢、一下肢または体幹の機能の著しい障害で、永続するもの
2 一上肢の親指を指骨間関節以上で欠くものまたはひとさし指を含めて一上肢の二指以上をそれぞれ第一指骨間関節以上で欠くもの
3 一下肢をリスフラン関節以上で欠くもの
4 両下肢のすべての指を欠くもの
5 一上肢の親指の機能の著しい障害またはひとさし指を含めて一上肢の三指以上の機能の著しい障害で、永続するもの
6 1から5までに掲げるものの他、その程度が1から5までに掲げる障害の程度以上であると認められる障害

❺ 心臓、じん臓または呼吸器の機能の障害その他政令で定める障害で、永続し、かつ、日常生活が著しい制限を受ける程度であると認められるもの

身体障害者手帳とは

身体障害者福祉法に定める身体上の障害がある人・児に対し、都道府県知事、指定都市市長が交付するもの

等級

身体障害者手帳には、1 級から 6 級までの等級があり、1、2 級だと重度の障害となります。7 級の等級もありますが、法律上は障害者として認定されず、身体障害者手帳はもらえません。ただし、7 級の障害が 2 つ以上重複している場合は 6 級となり、手帳がもらえます。
身体障害者手帳の等級は、障害の種類によって決められています。

Part 8

援助や保護で知的障害者の自立を支援する（知的障害者福祉法）

知的障害者の自立と社会経済活動への参加を促進するため、援助や必要な保護を行い、知的障害者の福祉を図るための法律です。

●身体障害者福祉法とならぶ「社会福祉六法」の１つ

知的障害者福祉法は、知的障害者の福祉を図るための法律で、1960（昭和35）年3月31日に公布され、その年の4月1日に施行されました。当初の名称は**精神薄弱者福祉法**でしたが、1999（平成11）年4月に施行された**「精神薄弱の用語の整理のための関係法律の一部を改正する法律」**によって、現在の法律名に改められました。

この法律は、**身体障害者福祉法や児童福祉法**とならんで、**社会福祉六法の１つ**に数えられています。

知的障害者福祉法は、知的障害者の自立や社会経済活動への参加を促進することを目的としたものです。

（この法律の目的）

第一条　この法律は、障害者の日常生活及び社会生活を総合的に支援するための法律と相まつて、知的障害者の自立と社会経済活動への参加を促進するため、知的障害者を援助するとともに必要な保護を行い、もつて知的障害者の福祉を図ることを目的とする

●知的障害者の定義が明確になっていない

知的障害者福祉法では、**知的障害者の定義について、明確に定められていません**。この点が以前から法律上の課題として指摘されています。

なお、1990（平成2）年の**精神薄弱児（者）福祉対策基礎調査**では、知的障害者について、**「知的機能の障害が発達期（おおむね18歳まで）に表れ、日常生活に支障が生じているため、何らかの特別の援助を必要とする状態にあるもの」**と定義されています。

知的障害者・児の定義

- 現在、身体障害、知的障害、精神障害のうち、知的障害のみが個別法による定義規定がない
- 知的障害の程度に関しては、重度とそれ以外の程度区分についての基準が示されており、児童相談所または知的障害者更生相談所において判定が行われている

知的障害者福祉法

第一条　この法律は障害者の日常生活および社会生活を総合的に支援するための法律と相まつて、知的障害者の自立と社会経済活動への参加を促進するため、知的障害者を援助するとともに必要な保護を行い、もつて知的障害者の福祉を図ることを目的とする

療育手帳制度における障害の程度および判定基準（国通知）

重度（A）とそれ以外（B）に区分

重度（A）の基準

1 知能指数がおおむね35以下であって、次のいずれかに該当する者
- 食事、着脱衣、排べんおよび洗面など日常生活の介助を必要とする
- 異食、興奮などの問題行動を有する

2 知能指数がおおむね50以下であって、盲、ろうあ、肢体不自由等を有する者

それ以外（B）の基準

- 重度（A）のもの以外

知的障害者とは…

知的機能の障害が発達期（おおむね18歳まで）に表れ、日常生活に支障が生じているため、何らかの特別の援助を必要とする状態にある人。身体障害者手帳の等級は、障害の種類によって決められている

知的障害の程度の判定についての運用は、自治体の裁量に委ねられていて、自治体によって取り扱いが異なるため、統一した定義規定、認定基準をおくべきという指摘があります。

精神障害者を総合的に支援する法律（精神保健福祉法）

精神保健福祉法は、精神障害者の医療や保護、社会復帰の促進、自立などの促進のために必要な援助を行うことを目的とした法律です。

●戦後制定された「精神衛生法」が母体

精神保健福祉法（精神保健及び精神障害者福祉に関する法律）は、1950（昭和25）年に制定された精神衛生法を元とし、1995（平成7）年に現在の名称に改称されたものです。

精神保健福祉法は、その目的を次のように示しています。

（この法律の目的）

第一条　この法律は、精神障害者の医療及び保護を行い、障害者の日常生活及び社会生活を総合的に支援するための法律と相まつてその社会復帰の促進及びその自立と社会経済活動への参加の促進のために必要な援助を行い、並びにその発生の予防その他国民の精神的健康の保持及び増進に努めることによつて、精神障害者の福祉の増進及び国民の精神保健の向上を図ることを目的とする

その上でこの法律は、総則、精神保健福祉センター、地方精神保健福祉審議会および精神医療審査会、精神保健指定医、登録研修機関、精神科病院および精神科救急医療体制、医療および保護、保健および福祉、精神障害者社会復帰促進センター、雑則並びに罰則の9章から構成されています。

●精神障害の定義や支援体制の基盤を示す

精神保健福祉法では、対象とする精神障害者を、統合失調症、精神作用物質による急性中毒またはその依存症、知的障害、精神病質その他の精神疾患を有する人としています。

加えて、精神保健福祉センターの設置、地方精神保健福祉審議会や精神医療審査会などの機関を都道府県に置くことなどを定めています。

精神保健福祉法の目的・責務・定義

法の目的

❶精神障害者の医療および保健
❷精神障害者の社会復帰の促進
❸精神障害者の自立と社会経済活動参加促進のための必要な援助
❹精神障害者の発生の予防その他国民の精神的健康の保持および増進によって、精神障害者の福祉および国民の精神保健の向上を図る

責務

- 国および地方公共団体の責務
- 国民の義務
- 精神障害者の社会復帰、自立、および社会参加への配慮

定義

「精神障害者」とは統合失調症、精神作用物質による急性中毒または依存症、知的障害、精神病質その他の精神疾患を有する人

精神保健福祉法の内容

第１章	総則
第２章	精神保健福祉センター
第３章	地方精神保健福祉審議会および精神医療審査会
第４章	精神保健指定医、登録研修機関、精神科病院および精神科救急医療体制
第５章	医療および保護
第６章	保健および福祉
第７章	精神障害者社会復帰促進センター
第８章	雑則
第９章	罰則

精神科医療に関する法律には、精神保健福祉法の他、医療提供体制を定めた医療法、医療にかかわる専門職種を対象とした医師法などがあります。

●監修者略歴

柏倉 秀克（かしわくら ひでかつ）
桜花学園大学　副学長 教授

1956年、石川県生まれ。桜花学園大学副学長 教授。愛知県内の特別支援学校の教諭、日本福祉大学社会福祉学部教授を経て、2019年から現職。文部科学省「障害ある学生の修学支援に関する検討会」委員。専門は社会福祉学と、視覚障害者を中心とした特別支援教育。

●執筆　瀬沼健司　石田陽子　金子千鶴代

●編集協力　アーク・コミュニケーションズ

●本文デザイン　遠藤デザイン

●本文イラスト　坂木浩子

●校正　円水社

●編集担当　遠藤やよい（ナツメ出版企画）

本書に関するお問い合わせは、書名・発行日・該当ページを明記の上、下記のいずれかの方法にてお送りください。電話でのお問い合わせはお受けしておりません。
・ナツメ社 web サイトの問い合わせフォーム
https://www.natsume.co.jp/contact
・FAX（03-3291-1305）
・郵送（下記、ナツメ出版企画株式会社宛て）
なお、回答までに日にちをいただく場合があります。正誤のお問い合わせ以外の書籍内容に関する解説・個別の相談は行っておりません。あらかじめご了承ください。

障害者総合支援法のすべて 第2版

2017年12月5日　第1版第1刷発行
2024年1月6日　第2版第1刷発行

監修者　柏倉秀克（かしわくらひでかつ）

発行者　田村正隆

発行所　株式会社ナツメ社
東京都千代田区神田神保町 1-52　ナツメ社ビル 1F　（〒101-0051）
電話　03（3291）1257（代表）　FAX　03（3291）5761
振替　00130-1-58661

制　作　ナツメ出版企画株式会社
東京都千代田区神田神保町 1-52　ナツメ社ビル 3F　（〒101-0051）
電話　03（3295）3921（代表）

印刷所　株式会社リーブルテック

ISBN978-4-8163-7466-1　Printed in Japan

〈定価はカバーに表示してあります〉〈落丁・乱丁本はお取り替えいたします〉